Verena Bentele
Kontrolle ist gut, Vertrauen ist besser

Verena Bentele
mit Stephanie Ehrenschwendner

Kontrolle ist gut, Vertrauen ist besser

Die eigenen Grenzen verschieben und Sicherheit gewinnen

Verlagsgruppe Random House FSC® N001967
Das für dieses Buch verwendete FSC®-zertifizierte Papier
Munken Premium Cream liefert Arctic Paper Munkedals AB, Schweden.

1. Auflage
Originalausgabe
© 2014 Kailash Verlag
in der Verlagsgruppe Random House GmbH
Umschlaggestaltung: ki Editorial Design unter Verwendung
eines Fotos von © Frank Bauer
Bildnachweis: Seite 167 © Fotolia; Seite 215 © privat;
Seite 218 © picture alliance/dpa/Hannibal
Satz: EDV-Fotosatz Huber/Verlagsservice G. Pfeifer, Germering
Druck und Bindung: GGP Media GmbH, Pößneck
Printed in Germany
ISBN 978-3-424-63092-3
www.kailash-verlag.de

Inhalt

Handicap, Handikap, das

Substantiv Neutrum

1. etwas, was für jemand eine Behinderung oder einen Nachteil bedeutet
2. (besonders Badminton, Golf, Polo, Pferderennen) durch eine Vorgabe für den leistungsschwächeren Gegner entstehender Ausgleich gegenüber dem stärkeren

Synonyme zu Handicap

Beeinträchtigung, Behinderung, Erschwernis, Hemmnis, Hemmschuh, Hindernis, Hürde, Nachteil, Schwierigkeit, Stolperstein

Aus dem Duden

Einleitung
Das eigene Handicap verbessern

Schließ die Augen und stell dir vor: Du stehst auf zwei schmalen Skiern, vor dir verläuft eine Spur, die du nicht siehst. Eine Stimme etwas weiter vorn sagt: »Wir sind oben am Berg. Kurve nach rechts, danach geht es in die Abfahrt ... Hopp ... Schieb richtig an und gib Gas ... Hopp ...« Du spürst, wie deine Ski über den Schnee gleiten und leicht auf der vereisten Strecke vibrieren. Ein kalter Wind weht dir um die Nase, während du immer schneller wirst. Irgendwo vor dir hörst du: »Hopp ... Hopp ... Jetzt in die Hocke gehen und Gas geben ... Hopp ...« Du rast geradeaus nach unten. Wie fühlst du dich bei dieser Vorstellung? Lässt du die Augen geschlossen? Kannst du diesen Ansagen vertrauen?

Die meisten Menschen haben das Bedürfnis, ihre Richtung und Geschwindigkeit selbst zu bestimmen und dann zu bremsen, wenn sie es für richtig halten. Sie wollen die Kontrolle über ihr Handeln behalten. Im Volksmund heißt es: Vertrauen ist gut, Kontrolle ist besser. Ich sage: Bei diesem Sprichwort stimmt die Reihenfolge nicht. Kontrolle gibt uns Sicherheit und Orientierung; sie ist wichtig, um ans Ziel zu kommen. Als Blinde sehe ich nicht, was mich in der Abfahrt erwartet. Weil ich gewinnen will, habe ich mich gegen das Bremsen und für das Vertrauen entschieden. Im Langlauf und im Biathlon leiht mir mein Begleitläufer seine Augen, seine präzisen Ansagen ermöglichen mir, in der Spur zu bleiben. Aber: Mit einem kontrollierten Verhalten kann ich den sicheren Raum nicht verlassen. Ich kann keine Goldmedaille gewinnen, wenn ich mich immer davor schützen möchte, gegen Hindernisse zu fahren oder zu stürzen. Will ich den Sprung aufs Siegertreppchen schaffen, muss ich meine Komfortzone verlassen und Risiken eingehen.

Und genau an diesem Punkt kommt Vertrauen ins Spiel: Mein Begleitläufer und ich sind nur gut, wenn ich mich darauf verlassen kann, dass er mich sicher führt und bei hoher Geschwindigkeit die Verantwortung mit mir trägt. Ich muss mich aber auch auf mich selbst verlassen können und darauf vertrauen, dass mich nicht jedes Hindernis gleich aus der Bahn wirft.

Vertrauen bildet das Fundament, auf dem ich mich entfalten und gewinnen kann. Deshalb habe ich mich ganz bewusst dafür entschieden zu vertrauen. Eigentlich sollte es heißen: Kontrolle führt ans Ziel, Vertrauen aufs Siegertreppchen. Wer alles kontrollieren will, verschwendet kostbare Energie. Denn Hindernisse sind ein Bestandteil des Lebens und lassen sich nun mal nicht vermeiden. Deshalb nutze ich meine Energie lieber dazu, mich mit ihnen auseinanderzusetzen und sie aus dem Weg zu räumen.

Allerdings kann ich trotz aller Vorbereitung und Umsicht nicht verhindern, dass mir immer wieder Hindernisse begegnen und der »Zweikampf« mit ihnen manchmal ein bisschen weh tut. Was sich üben lässt, ist, nach einem Zusammenstoß den Mut nicht zu verlieren, sondern vertrauensvoll weiterzumachen. Da ich dies von klein auf trainiert habe, bin ich mittlerweile Expertin in Sachen Stolpersteine. Ich habe gelernt, nach einer Konfrontation mit meinen eigenen Grenzen wieder aufzustehen und mich neu zu orientieren. Um eine »geübte« Blinde zu werden, musste auch ich immer wieder daran arbeiten, mein Handicap zu verbessern. Im Klartext heißt das: Ich nehme meine Einschränkungen an, lasse mich von meinem Handicap aber nicht behindern. Dazu ist Vertrauen in mich selbst und andere der Schlüssel.

Vertrauen trainieren bedeutet, Hindernissen und Grenzen ihren negativen Beigeschmack zu nehmen und sie als Herausforderung zu sehen, an der man wachsen kann. Der Sport war und ist für mich eine Möglichkeit, mich ganz bewusst mit meinen Grenzen auseinanderzusetzen und sie zu verschieben.

Je besser mich der Begleitläufer führt und je mehr wir einander vertrauen, desto weniger Gedanken muss ich mir im Wettkampf über Hindernisse machen, die mir im Weg stehen. Nur so kann ich mich voll und ganz darauf konzentrieren, mein Bestes zu geben.

Wenn ich mich auf jemanden verlassen und mich ihm anvertrauen kann, trainiere ich die Sicherheit, um mit den Risiken des Lebens umgehen zu können.

Es macht Spaß, dafür zu trainieren, Hindernisse auf dem Weg zum Ziel souverän zu überspringen. Ein Handicap ist keine unüberwindliche Hürde, sondern eine Art Trainingsgerät im Übungsparcours Leben. Wir verbessern an jedem Hindernis die eigenen Fähigkeiten, die Kraft und das Vertrauen, um auch die nächsthöhere Hürde zu nehmen.

Meine Geschichten handeln davon, wie viel möglich ist, wenn wir die richtigen Begleitläufer finden, die uns Orientierung geben, und wie wir durch Vertrauen unsere Grenzen verschieben. Im Biathlonwettkampf gibt es speziell markierte Abschnitte, die sogenannten *Haltezonen*: Auf steilen, schmalen, schnellen oder kurvigen Abfahrten darf mich mein Begleitläufer unterstützen, indem er mir das Ende seines

Stocks nach hinten reicht. Ich kann mich daran festhalten. Damit gibt er mir Orientierung, minimiert mein potenzielles Risiko und ermöglicht mir die volle Konzentration auf das Rennen. Jedes der vier großen Kapitel enthält eine *Haltezone*, in der wir gemeinsam den bewussten Umgang mit Hindernissen üben und trainieren zu vertrauen. Ich freue mich, wenn ich in diesem Buch der Begleitläufer für dich sein darf, der mit dir das Siegertreppchen erklimmt. Auf die Plätze, fertig, los!

I. Die inneren Grenzen erforschen

Samstag, 10. Januar 2009.
Deutsche Meisterschaften in den nordischen Disziplinen.
Nesselwang im Allgäu.

*»Verena, noch 20 Minuten bis zum Start. Lauft euch kurz ein
und kommt dann zurück. Bis dahin sind auch die Ski für den
Wettkampf gewachst«, ruft mir mein Trainer Werner Nauber
zu, als ich mit Walter, meinem Begleitläufer, im Stadion an-
komme. Wir überlegen kurz, ob wir auf dem Gelände ein bisschen hin- und herfahren oder eine Runde auf der Rennstrecke
machen sollen.*

*›Bei 10 Kilometern klassisch werde ich auch im Wettkampf
warm‹, denke ich mürrisch, weil ich mich nur schwer für diese
Technik begeistern kann. Das Rennen findet auf einer 2,5-Ki-
lometer-Runde statt, ich werde sie also viermal laufen müssen.
Viermal werde ich eine lange Strecke nur mit den Armen
schieben müssen. Es gibt nicht viele Berge, was für mich ein
Nachteil ist. Ich mag das Hochlaufen im Diagonalschritt. Ich
mag das Brennen in den Muskeln, wenn man oben ist. Und ich
liebe Abfahrten – der kühle Wind, der einem um die Nase
bläst, die Möglichkeit, kurz durchzuatmen, die Anspannung
der Muskeln und die Konzentration, wenn es richtig schnell
wird. Auf der Strecke in Nesselwang ist leider das gefragt, was*

ich am wenigsten kann und mag: Anschieben durch gleichzeitigen, parallelen Stockeinsatz, gefolgt von einem wechselseitigen Beinabdruck. Wegen meiner dürftigen Armmuskulatur und weil ich meine Beinkraft nicht optimal nutzen kann, ist mir diese Technik verhasst. Überhaupt mag ich die klassische Technik nicht. Der Skating-Stil ist mir lieber, er ist schneller und kraftvoller.

Ich ziehe die Handschuhe an, fixiere die Schuhe in der Skibindung und befestige die Stöcke mit den Schlaufen an den Händen. Danach drehe ich mein Gesicht in die Sonne und denke: ›Wäre das Rennen nur schon vorbei.‹

»Wenn du fertig bist«, sagt Walter, »drehen wir noch eine Runde, um die Eigenheiten des Streckenverlaufs zu kontrollieren.«

»Alles klar.«

Dann geht es los. »Zwei Schritte nach links, dann kommst du in die Spur«, weist er mich an. »Das ist wie gestern: Wir laufen jetzt erst mal aus dem Stadion raus, danach geht es 200 Meter geradeaus und dann mit einer leichten Linkskurve den Hang runter. Danach kommt der Berg, da geht es in einer Rechtskurve nach oben.«

Mit dem Kommando »Hopp« setzt er sich in Bewegung. Ich folge ihm, und wir fahren im Abstand von etwa drei Metern hintereinander her. Die Spur ist an diesem Tag sehr fest, so dass ich mich auch in Kurven gut an ihrem Verlauf orientieren kann. In kurzen Abständen dreht sich Walter zu mir um und gibt mir Kommandos.

»Achtung, du bist zu weit links.«

Ich mache zwei kleine Schritte zur Seite, um in die Spur zu finden. Weil mir das nicht gleich gelingt, folgt eine zweite Ansage.

»Noch zwei Schritte nach rechts.«

16

Mit dem linken Ski ertaste ich die Spur und stelle den rechten parallel daneben.

»Hopp ... Hopp ... «

Wir fahren zügig geradeaus. Ich konzentriere mich auf die Technik: Doppelstock mit Zwischenschritt, das heißt, mit beiden Stöcken anschieben, rechtes Bein nach hinten abdrücken, ein paar Meter gleiten, wieder Stockeinsatz, linkes Bein nach hinten abdrücken, ein paar Meter gleiten ...

Die präparierte Strecke ist ziemlich vereist und deshalb sehr schnell. Das Geräusch der Ski ändert sich je nach Beschaffenheit des Schnees. Bei Neuschnee und warmen Temperaturen hört sich der weiche Schnee an wie das sanfte Rauschen einer Brandung. Bei kaltem Wetter und frühmorgens ist die Spur fest, das klingt dann wie ein Eiskratzer auf der Autoscheibe. Ich höre, wie Walters Ski über den Schnee kratzen. Er spricht laut, damit ich seine Kommandos auf der vereisten Loipe verstehen kann. Ich muss meine Stöcke richtig fest auf dem eisigen Untergrund aufsetzen, damit sie greifen. Einmal verliere ich fast das Gleichgewicht, weil ich mit dem linken Stock in eine Vertiefung gerate.

›Jetzt bloß nicht hinfallen, Verena‹, denke ich, ›wie peinlich wäre das denn in der Einlaufrunde!‹

»Um 10 Uhr startet die Klasse der Blinden und Sehbehinderten ... «, schallt die Lautsprecheransage über die Loipe. Die Stadionatmosphäre verbreitet Wettkampfspannung und macht mich leicht nervös.

»Hopp ... Hopp ... Hopp«, ruft Walter.

Ich schiebe mit den Stöcken an und fahre weiter geradeaus.

»Jetzt geht's in eine leichte Abfahrt, die Spur ist durchgezogen und fest, du kannst also drinbleiben und in der Hocke abfahren. Hopp ... Hopp ... Hopp ... Hopp ... «

Ich atme ruhig ein und aus und konzentriere mich auf meine Ski, die sicher in der Spur gleiten.

Ein paar Sekunden später sagt Walter: »Jetzt kommt ein kleiner Links-rechts-Schlenker. Pass auf.«

Ich nehme den linken Ski aus der Spur und setze ihn mit einem breiten Schritt links daneben, um mich zu stabilisieren und den Schlenker auszugleichen. Gleich darauf platziere ich ihn wieder in der Spur.

»Jetzt geht's in den Berg.«

Ich verändere meine Technik und laufe im Diagonalschritt aufwärts. Nach ein paar Metern merke ich, dass ich zurückrutsche.

»Na toll«, rufe ich Walter zu, »der Ski hält ja überhaupt nicht auf dem Eis. Ich geh raus aus der Spur. Links oder rechts?«

»Rechts! Sonst bist du zu nah am Streckenrand.«

Um mich nicht schon vor dem Rennen mit zu viel Armarbeit zu verausgaben, steige ich rechts neben der Spur im Grätenschritt nach oben.

»Hoffentlich sind die Ski, die ich nachher fürs Rennen hab, so gewachst, dass sie am Berg nicht abrutschen«, rufe ich.

»Jetzt wird's flacher. Zwei Schritte nach links zurück in die Spur«, weist Walter mich an.

Ich mache zwei große Schritte.

»Eins nach rechts«, korrigiert er mich, weil ich mit dem rechten Ski in der linken Spur stehe.

Ich setze den rechten Ski leicht nach rechts und ziehe mit dem linken nach.

»Hopp ... Hopp ...«

Wir fahren weiter geradeaus.

»Wir sind oben, Spur hört auf ... Jetzt kommt eine Kurve rechts auf zwei. Komm rüber. Hopp ... Hopp ... Hopp ... Rechts auf zwei. Gut. Hopp ... Hopp ...«

Die Schärfe der Kurve wird blinden Läufern anhand der Uhrzeit angesagt. Deshalb bedeutet dieses Kommando, dass die Kurve sehr steil sein muss. Weil wir am Vorabend den Streckenverlauf besprochen haben, weiß ich, dass ich umdrehen und den Berg, den ich gerade heraufgekommen bin, etwas weiter links wieder runterfahren muss.

»Jetzt geht's runter. Wir bleiben neben der Spur«, sagt Walter.

Ich spüre ein paar kleine Bodenwellen und bleibe locker in den Knien, um die Unebenheiten abzufedern.

Die vereiste Strecke ist mittlerweile so laut, dass es sich anhört, als würde jemand neben mir Eis für einen Cocktail crashen. Es verunsichert mich, dass ich Walter nicht mehr so gut höre. Deshalb drücke ich die Innenkanten der Ski in den gefrorenen Schnee, um leicht abzubremsen.

»Hopp … Hopp …«, ruft Walter, der inzwischen etwa sechs, sieben Meter vor mir fährt.

»Komm, lass laufen, es geht. Hopp«, fordert er mich aus der Ferne auf. »Hopp … Hopp … «

Ich stelle meine Ski wieder parallel und nehme sie eng zusammen, um zu beschleunigen und wieder näher an ihm dran zu sein.

»Hopp … Hopp … Hopp … «, ruft Walter in kurzen Abständen.

Ich fahre konzentriert weiter.

Ein paar Sekunden später sagt er: »Eine leichte Kurve rechts auf eins … Jetzt geradeaus … Hopp … Hopp … Hopp.«

Danach höre ich, wie er mich anweist, links in die Spur zu gehen.

Ich mache zwei kleine Schritte nach links. Doch da kommt keine Spur. Deshalb lenke ich mit den Skispitzen noch weiter nach links.

›Wo ist denn diese Spur? Die muss doch jetzt endlich kommen‹, denke ich verwundert, während ich schnell die Abfahrt hinunterschieße. ›Hier muss doch schon fast der Streckenrand sein. Wieso haben die denn die Spur so nah daran gelegt?‹

Während ich immer weiter nach links fahre, überschlagen sich in meinem Kopf die Gedanken: ›Wo ist die vermaledeite Spur? Ich hätte doch gemerkt, wenn ich drübergefahren wäre. Bin ich von der Strecke abgekommen?‹

Plötzlich zieht es mir den linken Ski weg. ›Wieso geht es denn hier runter?‹

In der nächsten Sekunde fliege ich durch die Luft. Meine Arme und Beine, an denen Stöcke und Ski hängen, schlackern unkontrolliert hin und her, und mein Körper dreht sich zur Seite. Ich ziehe mich wie ein Embryo zusammen, und im nächsten Moment schlage ich auf etwas Hartem auf. Dann schnürt es mir die Luft ab.

Nach dem Aufprall bleibe ich ein paar Sekunden völlig erstarrt und verdreht in meinen Skiern und Stöcken liegen. Mein Herz rast, und mein Kopf ist leer.

»Boah, das war ja ein krasser Flug«, höre ich Walters Stimme einige Meter über mir, während ich unten nach Luft röchele.

Als ich wieder zu Atem komme, rufe ich nach oben: »Komm sofort runter und hilf mir!« Danach versuche ich hektisch, Ski und Stöcke loszuwerden.

»Langsam, langsam, ich mach das schon«, sagt Walter, als er bei mir unten angekommen ist. Er löst die Bindung der Ski und befreit vorsichtig meine verdrehten Hände aus den Stockschlaufen.

»Ist alles o. k., Verena? Kannst du aufstehen?«

Ich setze mich mit seiner Hilfe langsam auf und atme ein paar Mal tief durch.

»Wo tut es dir denn weh?«

»Ich weiß nicht, mein Knie, meine Hand, meine rechte Seite …«, stottere ich, »ich … ich hab solche Schmerzen und krieg keine Luft ... Hoffentlich ist das nichts Schlimmes ...«

Vor meinem geistigen Auge sehe ich, wie ich ein paar Minuten später aufstehe, mir den Schnee vom Anzug klopfe und weiterlaufe und am Abend mit meinen Mannschaftskollegen darüber witzele, dass Skispringen keine geeignete Sportart für Blinde sei. Ich hatte schon öfter Sportverletzungen – Bänderrisse, eine angebrochene Hand, Meniskusprobleme. 2002, zwei Wochen vor den Paralympics in Salt Lake City, habe ich mir die Bänder am Knöchel bei einer Kollision mit einem Mannschaftskollegen gerissen, als er quer über die Trainingsstrecke gefahren ist. So schnell hatte mein Begleitläufer gar nicht schauen können, wie der andere auf mich zugeschossen kam und mich über den Haufen fuhr. Nach diesem Erlebnis war ich fertig mit den Nerven, weil diese Verletzung meine Teilnahme an den Paralympics gefährdete. Damals hatte der Arzt jedoch ziemlich schnell Entwarnung gegeben: »Der Knöchel lässt sich mit Tape und Schuhen so stabilisieren, dass du starten kannst.« Er hatte mir Ruhe, Lymphdrainage, Physiotherapie und einen starken Willen verordnet. Als ich zu den Spielen in die USA flog, saß Sepp, der Physiotherapeut der Mannschaft, die ganze Nacht im Flugzeug neben mir und lymphte meinen schmerzenden und auf doppelte Größe angeschwollenen Fuß. Mit Erfolg – ein paar Tage später konnte ich starten und holte viermal Gold. Bisher hat jede Verletzungsgeschichte mit Schmerzen und Panik begonnen und trotzdem ein Happy End gefunden.

»Meinst du, du kannst weiterlaufen?«, fragt Walter.

»Nein, auf keinen Fall, wir müssen zurückgehen.«

Er hilft mir auf, und ich humpele auf ihn gestützt erst einen kleinen Pfad hoch, der auf die Loipe zurückführt, und dann neben der Langlaufspur etwa 300 Meter zum Stadion zurück.

Hindernisse akzeptieren

Nicht nur auf der Piste, sondern auch im Alltag ist Geschwindigkeit mein »Element«. Weil ich schnell unterwegs bin und mit meinem Stock nicht richtig schaue, renne ich mindestens einmal pro Jahr so heftig gegen etwas, dass ich Sternchen sehe, eine Platzwunde am Kopf habe oder aus der Nase blute. Ich bin schon gegen alles Mögliche gerannt: Bushaltestellenschilder, Laternenpfähle, Briefkästen, Baustellenabsperrungen, Litfaßsäulen, Verkehrsschilder, Container … Doch ich bin wie eine Katze. Ich falle immer auf die Füße und vertraue auf meine sieben Leben.

Ich bin es gewohnt, aufzustehen und weiterzulaufen, denn Liegenbleiben ist für mich keine Option. Wenn ich mich nicht bewege, komme ich nicht voran. Deshalb lasse ich mich von meiner Blindheit nicht bremsen. Ein Sehender kann es sich leisten zu rennen, einem Blinden gelingt das nur begrenzt. Weil ich mich freiwillig für meine Art zu leben entschieden habe, muss ich Blessuren in Kauf nehmen. Meistens bleibe ich nach einem unfreiwilligen Zusammenstoß ein paar Minuten stehen und reibe mir die schmerzende Stelle, dann geht es weiter. Wenn ich mir unsicher über die Schwere der Verletzung bin, spreche ich manchmal auch Passanten an: »Entschuldigung, darf ich Sie kurz etwas fragen: Wie sieht die Verletzung für Sie aus?« Dabei deute ich auf die schmerzende Stelle. »Meinen Sie, ich muss damit ins Krankenhaus?«

Die meisten Leute sind nett und hilfsbereit: »Ah, lassen Sie mal sehen. Oh, das sieht ja übel aus … Hm … Aber ich glaube, das geht. Da müssen Sie daheim nur was draufmachen. Soll ich Ihnen helfen?«

Nach so einer Schnelldiagnose drücke ich ein Taschentuch auf die Wunde und marschiere in meine Stammapotheke.

Während ich an diesem Buch arbeitete, saß ich eine Woche lang mit einer dicken Lippe am Computer, weil ich zweimal versucht habe, einen Baucontainer zu »küssen«. Da dieses Monster oben breiter war als unten, klebte ich bereits mit dem Mund am Rand, bevor mein Stock unten an die Wand stieß. Beim ersten Crash war ich spät dran und rannte zur U-Bahn; beim zweiten hatte mir ein Passant versichert, die Baustelle sei bereits entfernt. Leider hatte er den Container nicht in den Begriff Baustelle mit einbezogen …

Es gibt aber auch Hindernisse, die deutlich gefährlicher sind. Wenn ich eine stark befahrene Kreuzung ohne Blindenampel überquere, setze ich unter Umständen mein Leben aufs Spiel. In der Regel kann ich die Verkehrsführung hören, aber je lauter die Umgebungsgeräusche sind, desto gefährlicher wird die Situation.

An der Ecke Ludwig-/Schellingstraße in München habe ich mehrmals viel, ja manchmal zu viel riskiert und für Verkehrschaos gesorgt. Einmal flog ein Fahrradfahrer, der um die Ecke geschossen kam, wegen mir vom Rad. Zum Glück ist ihm nichts passiert. Aber er brüllte mich an: »Mann, bist du völlig bescheuert? Hast du keine Augen im Kopf?!«

»Doch, hab ich, aber die funktionieren nicht richtig«, antwortete ich ihm.

»Du weißt schon, dass das megagefährlich ist. Das hätte schiefgehen können, wenn ich Klickpedale angehabt hätte.«

»Ja, weiß ich, denn ich fahr selber viel Tandem. Und ich hab auch immer Angst, dass einer die Autotür auf dem Radweg aufmacht. Es tut mir echt leid, aber hier ist keine Blindenampel.«

Dem Fahrradfahrer war die Aktion ebenso unangenehm wie mir, weil er erst nach seinem Ausbruch mitbekam, dass ich blind bin.

»Entspann dich. Ich bin froh, dass keinem von uns etwas passiert ist«, sagte ich am Ende.

Ich war selbst erschrocken und stand mit weichen Knien am Straßenrand – und das, obwohl ich mich normalerweise in solchen Situationen kaum mehr oder zumindest nicht lange aufrege. Ich habe ja einen gewissen Trainingsvorteil, weil mir so etwas öfter passiert. Jetzt kann ich es ja zugeben: Auf den Schreck hin ging ich erst mal einen Kaffee trinken und nicht in die Vorlesung.

Weil ich mich nicht permanent vor Hindernissen schützen kann, akzeptiere ich sie – mitsamt ihren Konsequenzen. Das ist eine bewusste Entscheidung. Wie viele andere Leute, die in ihrem Temperament sehr schnell sind, packe ich mir unzählige Termine in den Tag. Ich renne durch die Gegend, weil ich es eilig habe. Ich telefoniere auf dem Weg zur U-Bahn. Kurz: Ich neige dazu, jede Minute des Tages zu verplanen. Ob sehend oder blind macht da keinen Unterschied. Ich habe den schnellen Weg gewählt, auch wenn er manchmal gefährlich ist und weh tut. Aber ich mache das, weil ich das so will.

Wie man mit Hindernissen konstruktiv umgeht, habe ich von meinen Eltern gelernt. Die beiden sind Meister in dieser Disziplin. »Wir wohnen da, wo andere Urlaub machen«, hieß es bei uns zu Hause vor den Ferien, »also brauchen wir nicht wegzufahren.« Nur im Winter fuhren meine Eltern, die beide sehr gute Skifahrer sind, mit ihren drei Kindern in die Schweiz. Sie ließen sich nicht von ihrem Hobby abbringen, nur weil mein Bruder Michael und ich blind sind. Natürlich hätten sie uns auch bei der Großmutter lassen können, während sie mit unserem sehenden Bruder Johannes Skifahren gingen, doch meine Eltern waren sich einig: Als Familie verbringt man den Urlaub gemeinsam. So machten sie nicht viel Aufhebens um unsere Blindheit, sondern überlegten, wie die ganze Familie Spaß haben könnte, ohne dass einer auf etwas verzichten musste.

In unseren ersten Winterferien war das Ziel, uns allen das Skifahren so beizubringen, dass wir gemeinsam den Berg runterkämen. Meine Eltern beobachteten einen Schweizer Skilehrer dabei, wie er kleinen Kindern die ersten Schritte zeigte: Er drehte sich zu dem Kind um, ging vor ihm in die Hocke und hielt die Skispitzen des Kleinen fest. Dann fuhr er in dieser Position rückwärts den Berg runter, um dem Kind zu zeigen, wie es die Ski stellen, bremsen und lenken sollte.

Nachdem sie sich das eine Weile angeschaut hatten, machten sie das Gleiche mit uns am Babyberg. Mein größerer Bruder Johannes, der schon einen Skikurs hinter sich hatte, fuhr dabei neben uns her. Sobald wir sicher auf der Piste standen, nahmen meine Eltern uns vor sich zwischen die Beine. So lernten wir den Pflugbogen. Nach dieser Lektion rutschen wir bereits ganz langsam die einfachen Hänge runter.

Als wir allein fahren konnten, folgte ich meiner Mutter und mein Bruder Michael meinem Vater. Johannes fuhr nebenher. Anfangs nahmen wir nur die leichten, blau markierten Pisten, später auch die mittleren roten. Wenn ich hörte, wie Johannes an uns vorbeirauschte und meine Eltern riefen: »Du fährst nicht allein mit dem Lift wieder hoch, sondern wartest unten auf uns«, war ich ehrlich gesagt immer ein bisschen neidisch auf ihn.

»Das war so toll«, sprudelte es aus ihm heraus, wenn wir endlich unten ankamen. »Ich bin im Schuss runter und über die Schanze gesprungen.« Ich hätte auch gern von so coolen Erlebnissen erzählt, aber Michael und ich hatten ja Mama und Papa im Schlepptau. Dabei hätte es mir gefallen, so richtig Gas zu geben. Angst vor Geschwindigkeit hatte ich noch nie.

Als Kind macht man sich über Gefahren, Stürze oder Verletzungen ja überhaupt sehr wenig Gedanken. Ich fuhr meinen Eltern einfach hinterher, während ich auf das hörte, was sie meinem Bruder und mir zuriefen: »Hierher«, »Langsamer«, »Fahr ein bisschen nach links« oder »Jetzt wird es ein bisschen steiler«. Manchmal sagten sie auch: »Fallen lassen.« Dann wussten wir, dass wir uns auf den Hosenboden setzen mussten, weil ein Hindernis, zum Beispiel ein anderer Skifahrer, unseren Weg kreuzte. Im Grunde genommen waren meine Eltern so etwas wie unsere ersten Begleitläufer. Sie sagten uns den Rhythmus der Strecke an, damit wir uns vorstellen konnten, was als Nächstes kam. Sobald ich sie nicht mehr hörte, schrie ich einfach nur: «Mama, wo bist du gerade?« Dank dieser umsichtigen Führung verstand ich nicht nur die Technik, sondern verbesserte mich Schwung für Schwung und kam sicher unten an.

Natürlich bekam ich mit, dass mein Bruder Johannes spannendere Pisten fuhr und mehr Gas geben durfte. Und das ärgerte mich! Wer will denn schon, dass der eigene Bruder cooler ist? Ich wollte immer und bei allem die Schnellste sein – eine nicht gerade hilfreiche Einstellung, wenn man blind ist. Als Kind stand ich beim Kindergeburtstag nie als Erste dort, wo es den leckeren Kuchen gab. Und beim Spielen hatte ich auch nie als Erste den Turm fertig gebaut. Wenn ich mit meinen Grenzen konfrontiert wurde, die nicht aus mangelnden Fähigkeiten, sondern aus meiner Blindheit resultierten, wurde ich zornig.

Als Kind hältst du alles für möglich – zumindest theoretisch: Du glaubst, du könntest Skifahrer, Astronaut, Dinosaurierforscher oder Turnierreiter werden. Kinder probieren ungeniert aus, was ihnen Freude bereitet. Deshalb war Blindheit bis zur Pubertät etwas Abstraktes für mich. Ich verstand zwar, dass ich nichts sehen konnte, aber nicht, was dieses Handicap alles mit sich brachte. Mein Leben war für mich ganz normal, so wie es war.

Als Johannes in die Schule kam und schreiben lernte, wollte ich das natürlich auch können. Also bat ich meine Eltern, mir auch ein Blatt Papier und einen Stift zu geben. Ich konnte nicht nachvollziehen, warum ich das nicht hinbekommen sollte. Wie wild kritzelte wie ich auf dem Blatt herum und rief: »Kuck mal, Mama, ich hab was geschrieben.« Oder: »Oma, ich hab dir ein Bild gemalt.« Natürlich hat keiner je kapiert, was auf dem Blatt zu sehen war. Wenn ich ein Pony malte, sah das eher aus wie eine Amöbe als wie ein Pferd.

Meiner kleinen Nichte, die drei Jahre alt ist, könnte ich so ein »Gemälde« gerade noch als Pferd verkaufen. Mein fünfjähriger Neffe würde vermutlich nur sagen: »Oh Verena, was ist denn das? Das sieht aber komisch aus.«

Ich konnte das, was ich im Stall erfühlt hatte, auf dem Blatt nicht dort platzieren, wo es hingehörte. Mein Pferd hatte entweder keinen Schwanz, ein frei schwebendes Auge oder die Ohren am Rücken. Zum Glück sah Jimmy, mein erstes Pony, nicht in Wirklichkeit so aus. Er war weiß, ungefähr einen Meter zehn groß und trug wie ich einen Rechtsscheitel, das heißt, seine Mähne hing immer auf diese Seite. Ich liebte an ihm, dass er wahnsinnig schnell war.

Mit Jimmy und meiner besten Freundin Julia habe ich meine ganze Jugend verbracht. Julia kenne ich seit der Kindergartenzeit. Sie war die Erste, die getestet hat, wie sich Blindheit auswirkt. Als ich in den Kindergarten kam, stellte mich die Kindergärtnerin den anderen Kindern vor und erklärte, dass ich blind sei: »Wenn ihr die Augen ganz fest zukneift und nichts mehr seht, dann wisst ihr, wie das für die Verena ist. Deshalb müsst ihr ein bisschen aufpassen. Nehmt sie einfach mit, wenn ihr nach draußen geht.« An diesem ersten Tag schob mir Julia eine Kiste mit Bauklötzchen vor die Füße, weil sie wissen wollte, was dann passiert. Natürlich bin ich drübergestolpert. Ich konnte mich an die Geschichte gar nicht mehr erinnern, aber Julia hat sie sich gemerkt. Jahre später hat sie mir das gestanden und erzählt, dass sie nach der Bauklötzchen-Aktion ein furchtbar schlechtes Gewissen hatte und auch noch richtigen Ärger bekam, als sie ihren Eltern zu Hause davon erzählte.

Als wir größer waren und zusammen ausritten, musste Julia nicht nur auf ihr eigenes Pferd achten, sondern auch auf Jimmy und mich. Unsere Ponys hatten die Angewohnheit, sich querfeldein durch die Büsche zu schlagen oder Richtung heimatlichen Stall zu galoppieren. Sie selbst kamen prima unter den Bäumen durch, der Reiter jedoch manchmal nicht. Dann schrie Julia: »Kopf runter!« oder »Linken Zügel anziehen!« In diesen Jahren bin ich natürlich ab und zu auch mal unfreiwillig abgestiegen. Doch bei einem Stockmaß von knapp einem Meter tut man sich glücklicherweise meist nicht sehr weh. Mit Julia als Begleitläuferin waren unsere Ausritte ein Hindernisparcours, den ich in der Regel gut bewältigen konnte.

Die beste Freundin um Hilfe zu bitten ist einfach. Nur leider ist sie nicht in jeder Situation an meiner Seite. Auf unbekanntem Terrain muss ich auch mal spontan neue Begleitläufer gewinnen. Im Juli 2011 war ich als Sportbotschafterin für die Olympiabewerbung 2018 von München/Garmisch-Partenkirchen/Königssee im südafrikanischen Durban, um vor den Mitgliedern des *International Olympic Committee* die Paralympics zu repräsentieren. Bei der Eröffnungsfeier am Vorabend der IOC Assembly war ich im Auditorium eines riesigen Konferenzzentrums in der zweiten Reihe zwischen Bundesinnenminister Hans-Peter Friedrich und Münchens Oberbürgermeister Christian Ude platziert worden. Links von Herrn Friedrich saß meine Sportkollegin Maria Höfl-Riesch. 60 Minuten nach Beginn der Show, die Stunden dauern sollte, merkte ich: Oh, ich muss auf die Toilette. Meine Mutter, die mich auf der Reise begleitete, saß viel weiter hinten im Saal, und von den Mitarbeiterinnen der Bewerbungsgesellschaft, denen ich unauffällig ein Zeichen hätte geben können, saß keine in meinem näheren Umfeld. Nach Ablauf einer weiteren halben Stunde war mir klar: Das wird bald richtig dringend. ›Verena‹, sagte ich mir, ›du kannst jetzt nicht aufstehen.‹

Ich rutschte weitere fünfzehn Minuten lang unruhig auf meinem Stuhl hin und her, als ich auf einmal hörte, wie Maria, die am Rand saß, aufstand und verschwand. Ich war nicht schnell genug, um sie aufzuhalten, außerdem hätte ich schreien müssen, um mitzugehen. ›Nein, Verena‹, sagte ich mir, ›das ist jetzt echt peinlich, mit Herrn Friedrich zwischen uns …‹ Maria ging, Maria kam wieder. Und ich saß da, mit verkniffenem Gesicht und Schweißperlen auf der Stirn, während die Herren links und rechts von mir immer mal erklärten, was gerade auf der Bühne passierte. Nach zwei Stunden hielt ich es nicht mehr aus und stand vor der Frage: Welchen meiner beiden Sitznachbarn soll ich ansprechen? Da ich Christian Ude aufgrund unserer Zusammenarbeit bei der Olympia-Bewerbung etwas besser kannte, drehte ich mich zu ihm und raunte ihm ins Ohr: »Was denkst du, wie lange geht das hier noch?«

»Na, das kann nicht mehr so lang dauern«, antwortete er.

»Also … ähm … das ist mir jetzt megapeinlich, aber ich muss so dringend auf die Toilette. Würde es dir viel ausmachen, mit mir rauszugehen?«

»Nein, steh auf«, forderte er mich auf. Als ich mich erhoben hatte, fügte er hinzu: »Jetzt musst du dich ganz schmal machen, und tritt dem Friedrich nicht mit deinen hohen Hacken auf die Füße.«

Ich schlich mich erst an Herrn Friedrich vorbei, dann an Maria, die mir trotz ihrer langen Beine, so gut es ging, Platz machte. Im Gang hakte sich Christian Ude bei mir unter, um mich die Treppen hochzubegleiten.

»Nein, Christian, ich muss mich bei dir einhaken, damit ich merke, wann die Stufen kommen.«

Nach einem schnellen Armwechsel stiegen wir gefühlte hundert Treppen hoch, die jeweils mit einem kleinen Zwischenpodest verbunden waren. Ich möchte nicht wissen, was sich die Leute dachten, als Frau Bentele mitten in der Show am Arm des Oberbürgermeisters verschwand.

»Jetzt weiß ich nicht, was ich machen soll«, sagte Christian Ude, als wir endlich draußen waren.

»Bring mich einfach nur zur Toilettentür.«

»Kommst du dann klar?«

»Kein Problem, du musst nicht mit reinkommen.«

Während er mir die Tür aufhielt, schaute er kurz in die Toilette und sagte: »Da geht es jetzt gleich nach links rüber.«

Als ich mit einem entspannten Lächeln wieder aus der Toilette kam, machte mir mein umsichtiger Begleiter den Vorschlag: »Verena, die Getränke sind schon aufgebaut. Jetzt gehen wir erst mal kurz an die Bar, oder?«

Ich kann gar nicht sagen, wie froh ich war, mit meinen Pumps die vielen Treppen nicht wieder runtergehen und die gesamte Meute aufscheuchen zu müssen. Wer will schon Gefahr laufen, auf einer Showtreppe einen Showstopper hinzulegen …

In Durban brauchte ich eine Weile, um mein Bedürfnis zu artikulieren, weil meine Hemmschwelle riesengroß war. Dabei bin ich sicher, dass mir jeder in dieser Situation bereitwillig geholfen hätte. Wir kennen doch alle solche Momente, in denen man ohne fremde Hilfe nicht weiterkommt oder sich nicht so wohl fühlt. Jemand der sieht, wäre in diesem Fall einfach aufgestanden und leise aus dem Saal gegangen. Ich war gezwungen, meine Angst zu überwinden. Für mich als Blinde ist die Komfortzone viel enger gesteckt; schon jede größere Veranstaltung, die ich allein besuche, bedeutet eine echte Herausforderung.

Vor kurzem war ich auf einem großen Fest im Ruhrgebiet eingeladen. Ich wollte sehr gern dorthin, musste aber ernsthaft darüber nachdenken, weil ich kaum jemanden kannte. Schließlich haben die Gastgeber an so einem Abend ja etwas anderes zu tun, als sich dauernd um mich zu kümmern.

»Mensch, Verena, wie machen wir denn datt?«, fragte der Gastgeber, als er mir die Einladung gab. »Nicht, dass du in eine Grube fliegst, wenn du kommst. Dann müssen wir dich mit der Laterne suchen …« Das Fest fand nämlich in einer alten Kohlenzeche statt. Ich bot an, den anderen Gästen die Kerze zu halten, denn als Blinde bin ich in einer dunklen Zeche ja durchaus im Vorteil.

Aber natürlich war die scherzhafte Bemerkung des Gastgebers ein wichtiger Punkt, denn ich würde mich an dem Tag allein organisieren müssen.

Natürlich habe ich immer mehrere Optionen:

1. Zu Hause bleiben, weil es mir zu anstrengend ist. Dann bleibt alles beim Alten, weil ich dem Unbekannten ausweiche. Das macht meine Welt kleiner.
2. Allein hingehen. Dann lerne ich unweigerlich neue Leute kennen, weil ich ständig jemanden ansprechen muss, um mich zurechtzufinden oder den Grubenrand zu vermeiden. Das kann zwar bereichernd sein, ist auf Dauer aber sehr anstrengend.
3. Ich komme mit einer Begleitung, einer guten Freundin etwa. Das ist die für mich angenehmste Variante, denn ich kann mich entspannt bewegen, weil ich meinem Begleiter vertraue. Außerdem können wir zu zweit viel leichter Leute kennenlernen, weil wenigstens eine von uns sieht, wer sympathisch wirkt oder Blickkontakt aufnimmt. Aber natürlich besteht das Risiko, dass ich jemanden durch halb Deutschland zerre, um auf ein Fest zu gehen, wo derjenige noch nicht mal die Gastgeber kennt und sich möglicherweise langweilt oder unwohl fühlt.

Meine Lebensumstände zwingen mich zur Organisation und zu einer engen und vertrauensvollen Kontaktaufnahme mit wildfremden Menschen. Denn ich brauche ja auch Hilfe für die Basics: Wo ist der Eingang? Wie sieht es in dem Raum aus? Wo bekomme ich etwas zu essen oder zu trinken? Wie finde ich die Toilette?

Doch wenn ich etwas erleben will, muss ich mich dem zwangsläufig aussetzen. Ich muss meine Komfortzone verlassen, sprich Strategie 2 oder 3 wählen, denn Nummer 1 – daheim bleiben – ist für mich keine Option. Damit würde ich mir das Leben zwar einfacher machen und Risiken vermeiden, mich aber zugleich um viele neue Eindrücke bringen. Wenn ich Spaß und Erfolg haben möchte, bleibt mir nichts anderes übrig, als meine Schwäche zu einer Stärke zu machen.

Als ich etwa zehn Jahre alt war, fragte die Sportlehrerin unseres Blindeninternats den Judotrainer ihres Sohnes, ob er nicht mal eine Judo-AG bei uns anbieten wolle. Ich habe mich schon immer gern bewegt und hatte nie Angst davor, hinzufallen. Deshalb war klar: Da mache ich mit! Ein paar Wochen später kam er in die Turnhalle, warf ein paar Matten auf den Boden und gab uns etwa zwei Monate lang einmal pro Woche Judo-Unterricht. Der Trainer war ein experimentierfreudiger Typ. Obwohl er nie zuvor mit Blinden zu tun gehabt hatte, gelang es ihm, uns diesen Sport mit anderen Kommunikationsmitteln beizubringen, als er sie sonst anwandte. Es ist für jemanden, der gewohnt ist, visuell zu arbeiten, sicher eine Herausforderung, auf einmal sprachlich zu unterrichten. Aber er löste diese Aufgabe mit Bravour.

Judo eignet sich hervorragend für Blinde, denn du hast den anderen immer am Kimono und spürst jede Bewegung seines Körpers: Macht er einen Schritt nach vorn, dreht er den Oberkörper, will er mit dem Arm nach dem Gegner greifen etc. Meine Hände wurden zu meinen Augen. Nach einer Weile spürte ich genau, was mein Gegner als Nächstes vorhatte.

Nach Abschluss der Judo-AG schlug der Trainer einigen von uns vor, zweimal pro Woche abends in seinen Verein zu kommen, um mit den anderen Kindern zu trainieren. Ich fand es spannend, mich auf die Bedingungen der Sehenden einzulassen.

Nach einer Weile durfte ich zu den Bezirksmeisterschaften – die ersten Wettkämpfe meines Lebens. Dafür entwickelte ich eine ganz besondere Survival-Strategie: Im Kampf mit den sehenden Kindern hatte ich festgestellt, dass meine Chancen zu siegen größer wurden, je schneller ich den Wettkampf durch eine gute Aktion beendete. Dazu verhalf mir ein Wurf namens Tomoe nage. Ich hielt meinen Gegner am Kimono, stemmte ihm das rechte Bein in die Leiste, ließ mich rückwärts umfallen und warf ihn mit gestrecktem Bein über meinen Kopf. Der Tomoe nage hat einen echten Überraschungseffekt und wurde mein absoluter Killerwurf. Er birgt nur ein Risiko, er ist nämlich ein Selbstfallwurf: Klappt er nicht, liegst du auf dem Boden, und es ist ein Leichtes für deinen Gegner, einen Halte- oder Würgegriff anzusetzen. Die große Frage lautete deshalb immer: Wann spiele ich meine Karten aus? Eine so spektakuläre Aktion kann man leider nur einmal pro Wettkampftag hinlegen, weil danach alle weiteren Gegner vorgewarnt sind. Ich musste den Stärksten damit auf den Boden legen, um ihn auf Augenhöhe zu bekommen. Der Tomoe nage brachte mich bis ins Finale der Bezirksmeisterschaften.

Vor einiger Zeit erzählte mir jemand eine wunderbare Parabel von einem kleinen Jungen, der seinen linken Arm verloren hatte, aber unbedingt Judo machen wollte. Seine Eltern fanden einen japanischen Meister, der ihren Sohn als Schüler aufnahm. Von Anfang an ließ der Meister den Jungen nur einen einzigen, sehr schweren Wurf trainieren. Nach einer

Weile durfte der junge Judoka auf sein erstes Turnier. Einerseits freute er sich, andererseits fragte er sich, wie er mit nur einem Wurf seine Gegner bezwingen könnte.

Am Wettkampftag besiegte er jeden Gegner mit Ippon, der höchsten Punktzahl, und gewann schließlich das Turnier. Daraufhin ging er zu seinem Meister und fragte überglücklich: »Alle anderen Judoka können so viele Würfe, und ich beherrsche nur einen einzigen. Wie kann es sein, dass ich gewonnen habe?«

Sein Meister antwortete: »Du beherrschst einen der schwierigsten Würfe im Judo. Um sich zu verteidigen, müsste dein Gegner dich am linken Arm fassen.«

Von Bruchlandungen profitieren

»Kontrolle ist gut, Vertrauen ist besser« – das heißt auch: Selbst wenn ich Hindernisse wahrnehme, kann ich nicht garantieren, mich nicht daran zu stoßen. Das Einzige, was ich tun kann, ist, darauf zu vertrauen, dass ich nach einer Kollision wieder aufstehen werde und mich ein Zusammenstoß langfristig gesehen weiterbringt. Jeder Mensch holt sich auf die eine oder andere Weise immer wieder mal eine blutige Nase, wenn er Neuland betritt. Das tut mal mehr und mal weniger weh, je nachdem, womit wir uns beschäftigen. Doch wer Erfahrungen sammeln und neue Fähigkeiten entwickeln will, muss Risiken eingehen. Ich selbst habe damit schon sehr früh angefangen.

Als ich etwa drei Jahre alt war, machten mein Bruder Michael und ich uns zu einer Entdeckungstour in unserem Haus auf. Es war ein heißer Tag, die Fenster standen weit offen, und die Bienen summten. Meine Eltern arbeiteten draußen bei der Kirschenernte. Wir liefen die Treppen hinauf in Richtung Dachboden. Oben angekommen setzten wir uns auf die Stufen, und ich als die Kleinere rief nach der Großmutter, die im Erdgeschoss bügelte: »Oma, trag mich runter, ich mag nicht mehr runterlaufen.«

Mein Bruder setzte hinterher: »Ja, die Verena kann nicht mehr. Du musst uns holen.«

»So ein Quatsch«, rief es von unten. »Natürlich könnt ihr das allein! Ich komm doch nicht zwei Etagen rauf, um euch runterzutragen. Ihr lauft gefälligst selber runter!« Dazu muss man wissen, dass wir dieses Spiel an dem Tag schon zweimal mit ihr gespielt hatten.

»Nein, wir sind so müde«, schrien wir unisono zurück. Denn wir wollten unsere Großmutter ein bisschen ärgern. Das wusste sie natürlich. Außerdem hätten wir, was wir sonst leidenschaftlich gern taten, auf dem Geländer herunterrutschen können.

Als niemand kam, flüsterte mir mein Bruder zu: »Verena, ich habe ein Idee. Da ist doch das Fenster offen im Treppenhaus. So kommen wir ganz schnell nach unten.«

Als wir am Fenster standen, ordnete er an: »Du springst zuerst.«

»Nein, ich hab Angst. Du springst zuerst.«

»Weißt du was«, schlug mein Bruder vor, »geh erst mal raus, und dann schauen wir weiter.«

Ich kletterte aufs Fensterbrett, setzte mich mit den Füßen nach draußen und hing kurz darauf mit den Händen am Sims, während meine Füße in der Luft baumelten.

Natürlich bekam ich es in der Position erst recht mit der Angst zu tun.

»Oh Michi, ich trau mich nicht. Bitte, bitte, hol mich wieder rein«, flehte ich meinen Bruder an.

»Nein, das geht jetzt nicht mehr«, antwortete er und versuchte, meine Finger vom Sims wegzudrücken.

Irgendwann fiel ich runter.

Als ich mit dem Popo auf dem Balkon aufknallte, blieb ich erst mal sitzen, ohne ein Wort zu sagen. Mein Bruder rannte wie der geölte Blitz die 28 Stufen zu meiner Großmutter hinunter und rief panisch: »Oma, es ist was Furchtbares passiert. Die Verena ist aus dem Fenster gefallen.«

»Aber das kann doch nicht sein«, schrie meine Großmutter entsetzt, »ihr könnt doch nicht einfach so aus dem Fenster fallen.« Nach diesen Worten ließ sie alles stehen und liegen und rannte mit meinem Bruder in den ersten Stock, weil sie wusste, dass sich unter dem Treppenhausfenster der Balkon befand. Dort sah sie mich sitzen. Ich hatte einen kleinen Schock, aber sonst war mir nichts passiert. Keine Prellung und nichts gebrochen. Wir hatten ein Riesenglück gehabt. Ich hätte mir richtig wehtun können, hätte da ein Wäscheständer oder eine Bank gestanden. Und ohne Balkon gäbe es mich möglicherweise heute gar nicht mehr.

Michael und ich bekamen einen Riesenärger, erst von meiner Oma und dann von unseren Eltern, als sie vom Feld nach Hause kamen.

»Seid ihr wahnsinnig«, riefen sie aufgebracht, »so ein Risiko einzugehen. Das ist ein Fenster und keine Tür! Man springt nicht zum Fenster raus! Und ihr schon gar nicht, weil ihr nicht sehen könnt, wie tief es da runtergeht. In Zukunft geht ihr gefälligst durch die Tür nach draußen!«

Eins ist klar: Auch blinde Kinder unternehmen waghalsige Sachen und kommen dabei auf genauso bescheuerte Ideen wie sehende. Wie oft sind meine Brüder und ich das Geländer heruntergerutscht oder in einem Affenzahn die Treppen runtergerannt, ohne dass etwas passiert ist. Deshalb hat dieser eine Sturz aus dem Fenster nicht ausgelöst, dass ich meinem Bruder weniger vertraut hätte oder vorsichtiger geworden wäre. Für eine Weile ließen wir zwar die Finger von diesem Fenster, doch zehn Jahre später machten wir einen Sport aus meinem »Fenstersturz«, indem wir Matratzen auf den Balkonboden legten. So gesehen brachte mir der Sturz eine neue Erfahrung: Er erweiterte meinen Horizont, machte mich mit Höhe vertraut und mutiger. Glücklicherweise führte er auch nicht dazu, dass unsere Eltern die Kontrolle verschärft oder von nun an die Fenster verriegelt hätten. Sie verbuchten das Ereignis als wichtige Erfahrung für uns im Umgang mit Risiken, und nicht als etwas, das die Gefahr der Wiederholung in sich barg. Sie vertrauten uns und erreichten damit, uns Verantwortung zu übertragen. Sie haben uns nicht durch Verbote kontrolliert, sondern durch Vertrauen und umsichtige Führung Orientierungshilfen gegeben. Sie sind ohne Vorbehalte an die Aufgabe herangegangen, blinde Kinder zu erziehen, und haben nicht versucht, uns permanent vor möglichen Blessuren zu schützen. Stattdessen haben sie akzeptiert, dass Kinder – sehend oder blind – Risiken eingehen, und uns die Freiheit gelassen, unseren natürlichen Bewegungsdrang auszuleben.

Das Vertrauen, das sie in uns setzten, stellten wir hin und wieder auf die Probe. Einmal kletterten meine Brüder und ich auf das Dach eines Nebengebäudes, das sich auf unserem Bauernhof befand. Um nicht als ängstliches Mädchen dazustehen, wollte ich wohl oder übel mit, auch wenn ich ehrlich gesagt richtig Muffensausen bei diesem »Sport« hatte. Die Reihenfolge war unserem Altersunterschied entsprechend: Johannes, der Älteste, ging voraus, dann kam Michael, und ich bildete die Nachhut. Um vom Dachboden aus dem Fenster zu klettern, machten wir uns gegenseitig Räuberleiter. Ich als Kleinste wurde zuletzt hochgezogen. Danach krabbelten wir auf Händen und Knien auf den Dachziegeln nach oben, bis wir den First erreichten.

Aus heutiger Sicht finde ich es mutig, dass mein Bruder Johannes seine zwei blinden Geschwister ins Schlepptau nahm, da hochkletterte und sich nichts dabei »schiss«, wie man in Bayern sagen würde. Aber für meinen Vater muss es furchtbar gewesen sein, als er einmal nach dem Bäumeschneiden mit dem Traktor in den Hof fuhr und sah, wie seine drei Kinder auf dem Dachfirst saßen, ihm zuwinkten und »Hallo« riefen. Was ging ihm da wohl durch den Kopf? Vermutlich dachte er sich: ›Sind die wahnsinnig geworden? Wenn ich die in die Finger bekomme … Halt, jetzt nicht in Panik ausbrechen, sondern ganz langsam die Kinder dazu bringen, so wie sie hochgekommen sind, auch wieder runterzuklettern.‹

Auch wenn diese Situation nicht ungefährlich gewesen ist, hat sie mir etwas beigebracht: Wenn mir die Sicherheit weniger wichtiger ist als das Abenteuer mit meinen Brüdern, dann muss ich vorsichtig sein, um nicht vom Dach zu fallen. Alles hat seinen Preis! Ist das nicht immer so im Leben?

Bei all unseren Abenteuern waren wir aufeinander angewiesen, damit sie funktionierten. Wir waren ein Team, in dem jeder seine Aufgabe hatte. Die Rollen waren klar verteilt. Mein ältester Bruder war als Sehender der Chef und Ansager. Michael war sein Sparringspartner, die beiden planten die Umsetzung der Vorhaben. Mich mussten sie oft überreden, denn ich war die Umsichtige, die die Konsequenzen am meisten bedachte. So diskutierten wir häufig erst alle möglichen Stolpersteine auf dem Weg zum Ziel. Und manchmal hatte ich auch Bedenken. Als wir auf dem Dach saßen, sagte ich zum Beispiel: »Jungs, ich glaube, auf der anderen

Seite runterzuklettern ist keine so tolle Idee, weil ein paar Dachziegel locker sind. Da schimpfen die Eltern.« Das taten sie in diesem Fall aber auch so. Als wir durch die Dachluke den Rückzug antraten, erwartete unser Vater uns bereits mit einer ordentlichen Standpauke.

Bewegungsfreiheit gewinnen

Immer wieder sagen mir sehende Menschen, dass ich viel besser hören würde als sie. Das stimmt nicht! Jeder Sehende kann genauso gut hören wie ich. Meine Ohren sind nicht besser, sie sind nur besser trainiert und verarbeiten Umgebungsgeräusche mit einer höheren Aufmerksamkeit. Ich habe immer wieder beobachtet und ausprobiert, was wir durch konsequentes Training erreichen können, auch wenn die Voraussetzungen nicht optimal sind.

Normalerweise ist es für Blinde sehr einfach, die Wände als »Leitplanken« zu benützen. Bei uns zu Hause hatten wir allerdings Raufaserputz, dessen kratzige Struktur wir nicht mochten. Deshalb ließen wir die Finger von den Wänden und lernten stattdessen, uns auf unser Gehör zu verlassen. Wenn ich heute auf eine Wand zugehe, kann ich anhand des Geräusches den Abstand einschätzen. Das ist reine Übungssache.

Ein blinder Mensch kann die Wände hören. Oder besser gesagt: den Schall, den eine Wand zurückwirft. Das funktioniert wie bei den Fledermäusen, die orientieren sich auch am Schall. Der blinde Amerikaner Daniel Kish hat die sogenannte Klicksonar-Methode entwickelt, die er nun anderen Blinden beibringt. Diese Technik der Echoortung lernten wir als Kinder spielerisch dank der Bewegungsfreiheit, die wir hatten, nur ohne bewusstes Klickgeräusch. Wir orientierten uns durch Lachen, Reden und andere Umgebungsgeräusche. Als unsere Eltern merkten, dass wir die Hindernisse, die im Hof standen, einfach umgingen, weil wir unser mangelndes Sehvermögen mit dem Gehör kompensierten, gaben sie uns intuitiv noch mehr Freiraum. Nur wenn etwas Unvorhergesehenes passierte, warnten sie uns.

Seit ich Daniel Kish getroffen habe, benütze ich das Klickgeräusch manchmal, wenn um mich herum viel Lärm ist. Aber ich finde mich genauso gut mit dem Blindenstock zurecht, der leise über den Boden schleift. Als Frau habe ich außerdem die Möglichkeit, mich am Widerhall meiner klickenden Absätze auf dem Asphalt zu orientieren, ein echter Vorteil von hohen Schuhen.

Die Bewegungsfreiheit, die uns die Echoortung gab, brachte unsere Lehrer im Internat immer wieder auf die Palme. Michael und ich mussten erst einmal lernen, uns in dem riesigen Klostergebäude zurechtzufinden. Die langen Gänge boten sich als Laufstrecke für bewegungsfreudige Kinder geradezu an. Wir veranstalteten regelmäßig kleine Geschwister-Wettkämpfe im langen Schulflur. Nach dem Unterricht rannten wir so schnell wir konnten bis ans Ende des Gangs, für uns gefühlte hundert Meter. Wann immer wir dabei erwischt wurden, hieß es: »Da vorn ist eine Fensterscheibe. Das ist furchtbar gefährlich. Irgendwann knallt ihr da rein und zerschneidet euch das Gesicht. Ein Mitschüler hat sich dort mal eine blutige Nase geholt.«

›Was wollen unsere Lehrer eigentlich‹, dachten wir dann immer, ›wir hören doch, wenn das Fenster kommt. Wir können doch auch Rad fahren.‹

Das hatten uns unsere Eltern beigebracht, als ich vier Jahre alt war. Unser Bruder Johannes konnte schon radeln, also wollten Michael und ich das auch lernen. Da sind blinde Kinder nicht anders als sehende.

Michael bekam ein BMX-Rad und ich ein kleines rotes Fahrrad mit Rücktritt – beide zunächst mit Stützrädern. Das ist übrigens das einzige meiner Fahrräder, das ich je selbst lenken durfte. Es hat jahrelang für meine Erkundungstouren herhalten müssen. Unsere Eltern zeigten uns auf dem Hof, wie man aufsteigt, lenkt und bremst. Das Gelände rund um unser Haus bot einige Orientierungshilfen für meinen Bruder und mich und wurde daher schnell zu vertrautem Terrain. Fuhr man die Einfahrt von der Straße zu unserem Grundstück runter, war der Untergrund zunächst ganz glatt. Dann kam ein breiter Streifen mit Kopfsteinpflaster, auf dem es holperte, so dass wir ein wenig durchgeschüttelt wurden. An der Stelle hörten wir auf der linken Seite das Haus. Auf der nächsten glatten Fläche angekommen, konnten wir beschleunigen, bis eine kleine Bodenwelle kam. Sobald das Haus nicht mehr zu hören war, lenkten wir nach links und fuhren an der schmalen Seite des Gebäudes über eine Wiese, auf der unsere Schaukel stand. So gelangten wir in den hinteren Hof, der mit breiten Bodenplatten ausgelegt war. Wenn es wieder leicht bergauf ging, bogen wir um die Hausecke und gelangten so zurück zum Ausgangspunkt. Das war unsere Trainingsstrecke. Mit den Stützrädern übten wir, den kleinen Berg hochzufahren, und stellten fest, dass man dabei ganz schön Kraft brauchte.

Ein paar Tage später entfernte unser Vater die Stützräder. Anfangs lief er noch neben uns her und hielt uns am Pullover fest, wenn wir das Gleichgewicht verloren. Als wir allein fahren konnten, beschränkte sich die Orientierungshilfe unserer Eltern auf die Beschreibung von ungewohnten Hindernissen auf dem Hof. Wenn ein Kunde sein Auto vor unserer Tür parkte, um Äpfel zu holen, hieß es: »Michi, Verena, passt bitte auf beim Fahrradfahren, da steht jetzt ein Kombi vor dem Eingang. Ihr müsst links daran vorbeifahren.« Oder sie sagten uns: »Hört jetzt mal bitte auf zu fahren, bis der teure Mercedes wieder weg ist.« Damit schützten sie sowohl das Auto als auch uns vor Blessuren.

Beim Fahrradfahren redeten, riefen und lachten wir und merkten auf diese Weise, ob wir zu nah an der Wand oder an einem parkenden Auto vorbeifuhren. Natürlich zerlegte es uns trotz aller Hilfestellungen öfter mal, zum Beispiel, weil wir probierten, freihändig zu fahren. Und ab und an rutschte unseren Eltern auch das Herz in die Hose, wenn wir da draußen herumfuhren. Aber ihr Grundvertrauen war groß, und sie ließen sich ihre Sorge meist nicht anmerken. Außerdem konnten sie gar nicht immer neben uns stehen, da sie arbeiten mussten. Und weil sie uns das Radfahren nun mal beigebracht hatten, war die Sache sowieso schon gelaufen.

Klar bauten wir auch mal den einen oder anderen Crash. Das ging schon los, als wir ganz klein waren. Einmal schob mich mein Bruder Michael mit dem Spielzeugtraktor unter einen Anhänger, so dass ich mir am Nummernschild die Backe aufriss. Die Narbe ist heute noch zu sehen. Dennoch wich meine Begeisterung für schnelle Bewegung nie der Angst. Im Gegenteil: Mit den Jahren entwickelte ich immer mehr Mut und haarsträubende Ideen, um Tempo zu machen.

Ein paar Jahre später schafften meine Eltern zwei Tandems an, damit wir gemeinsam Ausflüge machen konnten. Michael fuhr mit meinem Vater, ich mit meiner Mutter und Johannes auf seinem Rennrad. Waren meine Eltern bei der Arbeit, funktionierten wir eines der Tandems zum »Tridem« um: Johannes oder meine Freundin Julia saß als Pilot vorn, Michael als Heizer hinten und ich dazwischen auf der Stange. Einmal wollten wir in den Sommerferien, da war ich etwa elf Jahre alt, zu einem Campingplatz in der Nähe zum Eisessen fahren. Die Strecke führte einen Berg hinunter, dann um eine steile Kurve an unserem Hopfengarten entlang und schließlich durch den Wald, an dessen Ende noch einmal eine Rechtskurve und 300 Meter weiter der Campingplatz kam. Wir hatten unseren Eltern zwar gesagt, dass wir Eis essen gehen wollten, aber nicht wie. »Gehen ist blöd«, darin waren wir uns einig, »das dauert viel zu lang.« Also schnappten wir uns das Tandem – respektive das Tridem. Drei Kinder und ein Tandem sind zusammen richtig schwer, deshalb ist das Lenken eine Herausforderung für den Piloten, erst recht, wenn dieser ein kleines zierliches Mädchen wie meine Freundin ist. Als wir den Berg runterrasten, schrie Julia auf einmal: »Ahhhh, die Kurve. Festhalten!«, und fuhr mit Vollkaracho geradeaus in einen Zaun. Wir flogen alle in hohem Bogen vom Tandem: Julia in den Misthaufen, Michael auf die Wiese, und ich auf die Straße. Die anderen waren relativ weich gelandet, aber das Tandem und ich hatten einiges abbekommen: ich aufgeschürfte Arme und Beine, und das Tandem in der Mitte einen Knick.

Als wir nach dem Sturz stinkend, leicht lädiert und blutend nach Hause kamen, war der Ärger vorprogrammiert. »Ach, was habt ihr denn schon wieder angestellt.« Mit diesen Worten lief meine Mutter in die Küche und holte erst mal eine Flasche selbstgebrannten Obstler, das Bentele'sche Allheilmittel, aus dem Schrank. Danach hielt sie meinen Arm über das Spülbecken und kippte den Alkohol über die Wunde, was höllisch brannte. Das war fast so etwas wie ein Ritual. Hatte sich eines von uns Geschwistern verletzt, hieß es sofort: »Mama, ich brauch 'nen Schnaps.« Bei größeren Blessuren wurde unser Vater gerufen, der beim Freiwilligen Roten Kreuz im Rettungswagen Dienst tat. Er beurteilte die Verletzung dann kritisch und entschied, ob er die Wunde selbst verarzten konnte oder uns ins Krankenhaus zum Nähen bringen musste.

Als alle Wunden versorgt waren, folgte die Standpauke. Denn erstens hatten wir das Tandem geschrottet, zweitens waren wir unerlaubt zu dritt darauf gefahren und hatten drittens auch noch einen Unfall gebaut. Die arme Julia kassierte doppelten Ärger, denn sie bekam später auch noch einen Einlauf von ihren Eltern.

Die Bruchlandungen meiner Kindheit bilden das Fundament, auf dem ich mich heute sicher durchs Leben bewege: Dank dieser Erlebnisse weiß ich, dass mir etwas passieren kann, wenn ich mein Handicap verbessern und mich frei bewegen will. Ich kann besser mit riskanten Situationen umgehen. Manchmal gehe ich sogar bewusst Risiken ein, um aus den Erfahrungen, die ich dann mache, zu lernen.

Das mag für manch einen jetzt vielleicht nach Leichtsinn oder Naivität klingen. Dem ist aber nicht so. Meine Eltern setzten einfach sehr viel Vertrauen in ihre blinden Kinder. Sie kannten uns und unsere Fähigkeiten gut und gaben uns dementsprechend viel Freiraum. Meine Mutter sagt heute noch, man müsse Kindern auch mal etwas zutrauen, ja sogar zumuten. Zumuten heißt im Fall meiner Eltern, dass sie den Mut aufbrachten, uns unsere eigenen Erfahrungen machen zu lassen. Zumuten heißt aber auch, einem anderen zuzutrauen, seine psychischen oder physischen Grenzen allein zu verschieben – auch wenn er dabei mal ein Risiko eingehen muss. Meine Eltern trauten und gestanden nicht nur meinem sehenden Bruder zu, seine Grenzen auszutesten, sie muteten das auch uns blinden Kindern zu.

Ich bin meinen Eltern bis heute dankbar, dass sie uns ein Stück weit losgelassen haben. Ihr Rückhalt und ihr Vertrauen haben mir geholfen, meine Grenzen im Sport wie im Leben auszutesten und selbst zu verschieben.

Diese Form von fruchtbarer Kontrolle hatte nicht nur auf unser körperliches, sondern auch auf unser seelisches Wohlbefinden einen positiven Einfluss. Wann immer wir uns bewegen konnten und etwas Neues lernten, machte uns das sichtbar glücklich. Und das gilt nicht nur für Kinder: Wenn du eine Herausforderung meisterst, neue Erfahrungen machst und etwas dazulernst, wächst du über dich hinaus. Du erfährst deinen eigenen Körper durch Bewegung, weil sie dir anzeigt, wozu du in der Lage bist, was dich anstrengt, was dir angenehm oder unangenehm ist. Vielleicht haben Kinder ja deshalb so viel Spaß an der Bewegung, weil sie sich ausprobieren wollen. Körperliche Bewegung bedeutet zugleich Bewegung für den Kopf. Das ist so eine Art Entdeckermodus, der für Blinde wie für Sehende elementar ist. Jeder Mensch muss sich bewegen, um seinen Radius zu vergrößern, etwas Neues zu erleben und seine Möglichkeiten auszuschöpfen. Bewegung weitet deinen Blick. Wer den eingefahrenen Verhaltensmustern, der berühmten Macht der Gewohnheit entkommen will, muss sich in Bewegung setzen. Hätten meine Eltern uns immer den Weg vorgegeben, hätten wir nie gelernt, selbstständig zu rennen.

Haltezone 1
Den bewussten Umgang mit Kontrolle trainieren

A Den Vertrauenseffekt erleben

Einem anderen bewusst die fruchtbare Kontrolle über sich selbst zu übertragen heißt: klare Rahmenbedingungen schaffen, um sich verlassen und fallen lassen zu können. In meinen Seminaren üben die Teilnehmer, die Kontrolle abzugeben, indem sie sich ohne doppelte Absicherung in die Gruppe fallen lassen. Dazu stellen sich alle im Kreis auf. Ein Teilnehmer steht mit geschlossenen Augen und verschränkten Armen in der Mitte und lässt sich steif wie ein Brett in die Richtung seiner Wahl fallen, während seine Füße am Boden stehen bleiben. Die anderen Teilnehmer sind dafür verantwortlich, den Mittelmann aufzufangen. Damit wird er zu einem lebenden Pendel, das beliebig in der Gruppe hin- und herschwingt. Je größer das Vertrauen, desto fließender die Bewegung und desto größer der Kreis. Je mehr die Person den Händen des Teams vertraut, desto tiefer kann sie sich fallen lassen. Diese Übung eignet sich gut für eine Gruppe von mindestens fünf Personen.

Um zu testen, inwieweit du in der Lage bist, deine Selbstkontrolle auszuschalten, kannst du den freien Fall auch allein zu Hause trainieren. Hierfür lässt du dich, ohne dich dabei mit den Händen abzustützen, auf einen weichen Untergrund fallen. Diese Übungsvariante funktioniert folgendermaßen:

1. Such dir eine weiche Fläche, zum Beispiel eine Matratze mit mindestens zwei Metern Länge und 1,40 Meter Breite, damit du nirgendwo anstößt und weich fällst.
2. Stell dich mit dem Rücken an die Fuß- oder Kopfseite, verschränke die Arme vor der Brust und schließe die Augen.

3. Atme dreimal tief ein und aus und lass dich vollkommen gestreckt nach hinten fallen.

4. Bleib eine Minute lang auf dem Rücken liegen und spüre nach, wie sich das Fallen angefühlt hat: Was war deine größte Sorge beim Umkippen? In welchem Moment hast du das erste Mal die Arme zum Schutz nach hinten genommen? Was war dein erster Gedanke nach dem Aufkommen? Wirst du beim zweiten Mal entspannter fallen?

5. Wiederhole die Übung regelmäßig, beispielsweise jeden Abend vor dem Schlafengehen. Indem du darauf vertraust, dass nichts passiert, kannst du die Selbstkontrolle nach und nach ablegen.

Eine Variante für Fortgeschrittene: Dazu stellst du dich mit dem Gesicht zur Matratze, verschränkst die Arme hinten auf dem Rücken, schließt die Augen und lässt dich nach vorn fallen. Sobald du dich sicherer fühlst, kannst du die Augen auflassen und dir beim weichen Fallen zusehen.

B Der Kontroll-Check

Fühlst du dich in deinem Alltag, etwa im Beruf, unsicher und benötigst eine Leitlinie oder Hilfestellung? Willst du deine Komfortzone verlassen bzw. Neuland betreten – zum Beispiel aufgrund eines Jobwechsels, eines Umzugs oder weil du für einen Marathon trainieren willst – und suchst dafür einen »Begleitläufer«, der dich sicher über deine bisherigen Grenzen führt?

Dann mach den Kontroll-Check. Denn fruchtbare Kontrolle einzufordern liegt in unserer Eigenverantwortung. Wer richtungweisenden Rat will, muss das artikulieren – und die entsprechende Hilfe dann auch zulassen. Die folgende Tabelle hilft dir, hier Klarheit zu finden.

In welchen Momenten wünschst du dir einen »Begleitläufer«, der dir Orientierung gibt?	
Wer kann dir Unterstützung geben?	
Was genau brauchst du?	
Was versprichst du dir von der Hilfestellung?	
Wie kannst du um diese Hilfe bitten?	
Welchen Nutzen zieht dein »Begleitläufer« aus der Situation?	

C Vertrauensfragen

Sich trauen – darum geht es bei der Beantwortung der Vertrauensfragen. Sie dienen dir als Starthilfe, um Veränderungen aktiv begegnen zu können. Geh das Wagnis ein, nach innen zu schauen und ehrlich zu antworten. Denn nur du selbst kannst die Kontrollinstanz auf deinem Weg zum Ziel sein, nur du selbst kannst deine Grenzen verschieben.

- In welchen Augenblicken hast du das Bedürfnis, die Kontrolle zu behalten?
- Wer oder was gibt dir Orientierung im Leben?
- Wem gibst du Sicherheit und Leitlinien?
- In welchen Situationen stößt du an deine Grenzen?
- Aus welchen Blessuren hast du etwas gelernt?
- Mit welchen »Pflastern« kannst du deine Verletzungen behandeln?

- In welchen Momenten kannst du dich sorglos und entspannt fallen lassen?
- In welchen Situationen wünschst du dir fruchtbare Kontrolle?
- Wo in deinem Leben spürst du eine Kontrolle, die dich behindert?

II. Die kleinen Dramen überwinden

15. Februar 2009.
Rekonvaleszenz.
Wohnzimmercouch, Wellmutsweiler, Bodensee.
Und: 43. Biathlon-Weltmeisterschaften. Pyeongchang,
Südkorea.

*Wenn ich jemals ein sportliches Vorbild hatte, dann ist das Ole
Einar Björndalen. Aufgrund seiner Trainingsdisziplin und seiner Fokussierung auf Ziele stand der überragende Athlet regelmäßig ganz oben auf dem Siegertreppchen.*

*Am 15. Februar fand in Pyeongchang das 12,5-Kilome-
ter-Verfolgungsrennen statt, und Ole stand kurz davor, seine
zweite Goldmedaille zu holen. Während ich auf der Couch im
Wohnzimmer meiner Eltern lag, sah ich ihm dabei zu, wie er
und einige andere Athleten, die ihm folgten, kurz nach dem
Start einen falschen Weg nahmen. Nachdem die Rennleitung
eine Stunde lang beratschlagt hatte, wurden die Falschläufer
mit einer Zeitstrafe von 60 Sekunden belegt, was Ole die Führung kostete.*

*Seit meinem Sturz kannte ich mich mit dem unfreiwilligen
Verlassen einer Strecke bestens aus, nur dass meine »Zeitstra-
fe« bereits über einen Monat andauerte. Da das Verlassen der
Rennstrecke Ole keinen Zeitvorteil verschafft hatte, hob die*

Jury die Strafe wieder auf, so dass er sich in Südkorea und ich mich auf der Couch in Wellmutsweiler über seinen Sieg freuen konnte.

Ansonsten gab es für mich in den Wochen nach dem Sturz wenig Grund zum Jubeln, denn ich konnte mich kaum bewegen. Die Bilanz meines Sturzes ins Bachbett: Quetschung und Kapselriss am linken Daumen; ein angebrochener rechter Ringfinger; ein Riss am hinteren Kreuzband des rechten Knies; ein Hämatom an der Leber und eine kaputte rechte Niere, verursacht durch eine beschädigte Arterie, die die Blutversorgung unterbrochen hatte. Kurz: Es ging mir schlecht. Weil ich beide Hände eingegipst hatte, eine Schiene am rechten Bein trug und durch die Operation am Bauch wochenlang starke Schmerzen hatte, konnte ich weder allein duschen noch essen, schreiben oder mich anziehen. Diese Hilflosigkeit war genau ein Handicap zu viel! So lädiert wie ich war, blieb mir nichts anderes übrig, als mich für ein paar Wochen bei meinen Eltern einzuquartieren, die sich rührend um mich kümmerten.

Eines Nachmittags kam die Musikkappelle des Ortes vorbei und spielte vor unserer Haustür auf. Das ist ein Brauch in unserer Gegend, um Geld für den musikalischen Nachwuchs zu sammeln. Während ich von der Couch aus der Musik lauschte, hörte ich auf einmal Stimmen vor der Wohnzimmertür. Ein Mann sagte: »Guten Tag, ich bin der Alex, Schatzmeister der Kapelle. Ich habe gehört, ihr habt blinde Kinder. Ich habe ein Tandem, vielleicht wollen die Kleinen ja mal mitfahren. Dann sollen sie sich bei mir melden.«

»Mensch, super«, antwortete mein Vater. »Ich bin der Peter. Komm doch rein. Die Verena ist gerade da, das kannst du ihr gleich selber sagen.«

Die Tür ging auf, und meine Eltern kamen mit einem jungen Mann ins Wohnzimmer, wo ich völlig genervt, im alten

Jogginganzug und mit ungewaschenen Haaren unter einer Wolldecke lag, weil ich seit Wochen nichts anderes getan hatte, als zu lesen oder fernzusehen. Nachdem ich mich mit meinen eingegipsten Händen und dem geschienten Bein in eine einigermaßen aufrechte Position gebracht hatte, lächelte ich den Besucher etwas gequält an, während ich überlegte, wie ich meinen Eltern den Marsch blasen könnte, weil sie mir in meinem desolaten Zustand einfach einen Fremden vorbeibrachten.

»Hallo, ich bin der Alex. Ich habe von den Kollegen der Musikkappelle gehört, dass ihr auch ein Tandem habt. Wenn du mal eine Runde mit mir drehen willst, dann gib einfach Bescheid.«

»Ja, vielen Dank für das Angebot. Ich melde mich«, sagte ich und dachte: ›Oh Mann, sehe ich so aus, als könnte ich Sport machen? Oder willst du mich als Einbeinige und Ohnarmerin durch die Gegend kutschieren?‹

Drei Wochen später konnte ich endlich meinen Alltag in München wieder aufnehmen und mich zumindest auf mein Germanistikstudium konzentrieren, auch wenn ich noch nicht so belastbar war, wie ich es eigentlich von mir verlangte. Auf meinem Schreibtisch erwartete mich die letzte Hauptseminararbeit, die ich fertigstellen musste, um mich zur Magisterprüfung anzumelden. Nach ein paar Wochen des Vor-mich-Hinwurschtelns merkte ich, wie ich mit jedem Tag unausgeglichener und unzufriedener wurde. Es gelang mir einfach nicht, in meinen normalen Lebensrhythmus zurückzufinden, denn dieser war ja immer mit viel Sport verbunden gewesen. Die zwei täglichen Trainingseinheiten auf dem Laufband, im Kraftraum, mit Skirollern oder auf der Loipe hatten meinem Leben eine Struktur gegeben. Die mangelnde Bewegung machte mich unleidlich, weil mein Körper nicht die Auslastung bekam, die er gewohnt war. Wenn du dich regelmäßig viel bewegst, hast du nicht nur in der Ernährung einen höheren Grundumsatz. Du gewöhnst dich auch an die Erfolgserlebnisse und das Adrenalin, die der Sport dir gibt.

»Mensch, Verena, mach doch endlich wieder Sport. Das wird dir guttun!«, hörte ich immer öfter aus meinem Umfeld. Aber womit sollte ich anfangen? Joggen ging nicht, weil der Kreuzbandriss am Knie noch nicht ausgeheilt war. Der Kraftraum kam nicht in Frage, weil meine Rumpfmuskulatur nach der Operation geschwächt war. Und Schwimmen war nicht mein Ding. Schließlich fiel meine Wahl aufs Radfahren. Nachdem der Orthopäde grünes Licht gegeben hatte, trainierte ich erst einmal ein paar Wochen auf dem Hometrainer, hatte es aber bald satt, dauernd nur in der Langeweile meiner vier Wände auf der Stelle zu treten.

Als ich Anfang April meinen Eltern von meinem Bewegungsdefizit erzählte, sagte mein Vater: »Als es dir so schlecht ging, kam doch dieser Mann aus dem Nachbarort mit der Musikkappelle, der mit dir Tandem fahren wollte. Ruf den doch mal an.«

Gesagt, getan. Alex, der Tandemfahrer, sagte spontan zu, und schon hatte ich nach über drei Monaten endlich wieder das erste Sportdate.

Um 8 Uhr 30 am nächsten Morgen stand er vor der Tür, um mich zu einer Tour abzuholen. Nachdem er meinen Sattel eingestellt hatte, schwangen wir uns aufs Rad und fuhren los.

»Ich habe ein Weile nichts mehr gemacht«, sagte ich ihm gleich nach den ersten hundert Metern, »ich muss sehen, wie fit ich bin. Lass uns vielleicht erst mal eine normale Runde fahren.«

»O.k., wir machen sechzig Kilometer, das ist eine Runde von zirka zweieinhalb Stunden.«

Wir fuhren erst mal eine Zeitlang gemütlich leicht bergauf. Auch wenn meine Ausdauer mäßig war, fing mein Körper an, sich wieder an die Bewegung zu erinnern. Erleichterung machte sich in mir breit: Es war also nicht alles weg.

Wenn man lange Zeit nach oben fährt, muss man natürlich irgendwann auch wieder herunter. Dieser Gedanke kam mir aber erst in den Sinn, als Alex sagte: »So, jetzt sind wir gleich oben. Wir können sofort runterfahren oder hier noch eine kleine Runde drehen. Was meinst du?«

Die Fahrt über hatte ich mir keinerlei Gedanken gemacht, wie ich wohl auf die Geschwindigkeit bei der Abfahrt reagieren würde. Doch mit einem Mal breitete sich ein mulmiges Gefühl in meinem Bauch aus. ›Was mache ich jetzt bloß?‹, dachte ich, ›soll ich den Alex vielleicht bitten, bei der Abfahrt langsamer zu machen?‹

Seit dem Sturz bewegte ich mich viel vorsichtiger durchs Leben – verglichen mit meinem normalen Tempo in Zeitlupe. Ich versuchte, was ich bisher gar nicht an mir kannte, jeden Schritt zu kontrollieren; mir fehlte der Mut, einfach loszurennen. Trotzdem entschied ich mich, nichts zu sagen und die Abfahrt schnellstens hinter mich zu bringen. Als wir die ersten Meter nach unten gefahren waren, saß ich bereits ziemlich verspannt auf dem Fahrrad. »Ich kann ihm doch nicht sagen, dass er bremsen soll«, sagte ich zu mir selbst. Es kam für mich nicht in Frage, einem Typen, den ich kaum kannte, ein solches Geständnis zu machen. Das wäre mir furchtbar unangenehm gewesen.

»Es geht alles gut, Verena«, machte ich mir leise Mut, »du wirst schon heil da unten ankommen.« Der frische Wind blies mir ins Gesicht, ich biss die Zähne zusammen, atmete tief ein und aus und versuchte, die Angst auszuhalten, während Alex, ohne zu bremsen, nach unten schoss. Hinter ihm starb ich tausend Tode und riss vor Schreck die Augen unter der Sonnenbrille erst auf und kniff sie dann ganz schnell wieder zu. Alex bekam von alldem nichts mit, weil er sich auf die Strecke konzentrierte.

Die Abfahrt, die höchstens 90 Sekunden dauerte, kam mir vor wie Stunden. Unten angekommen öffnete ich schweißgebadet die Augen und fragte: »Wie schnell waren wir?«

»Knapp siebzig Stundenkilometer.«

Bei allen weiteren Abfahrten, die auf dieser Tour noch kamen, lächelte ich mir innerlich zu und sagte mir: »Ach, Verena, du hast es schon einmal geschafft und kriegst das wieder hin.« Diese Besinnung auf meine Stärken funktionierte. Auch wenn mein Körper in einer schlechten Verfassung war und meine Kraft und Ausdauer deutlich nachgelassen hatten, hatte ich gerade die Erfahrung gemacht, dass mein Mut noch da und die Geschwindigkeit kein unüberwindliches Hindernis geworden waren.

Nach dieser Radtour fing ich an, wieder regelmäßig Sport zu machen, um meine Grundfitness zu verbessern. Als mein Trainer Werner Nauber mich Ende April anrief und fragte, wie fit ich sei und wann ich wieder trainieren könne, stand ich vor einer schwierigen Entscheidung: Wollte ich wirklich wieder Wettkampfsport machen?

Nicht nur Werner, auch mein Mannschaftskollege Frank Höfle hatte mich im Krankenhaus und während meiner Rekonvaleszenz fast täglich angerufen, um sich nach mir zu erkundigen, zu erzählen, wie es bei den Weltmeisterschaften lief, und zu fragen, wann ich wieder in die Saison starten würde. In meinem desolaten Zustand hatte ich damals bloß gedacht: ›Ich liege im Bett, kann mich kaum bewegen. Wie soll ich da ans Training denken?‹ Auch wenn ihre Hartnäckigkeit enorm wichtig für mich war, weil sie mir damit zeigten, dass ich noch

58

ein Teil der Mannschaft war, war ich mir zu diesem Zeitpunkt nicht sicher, ob der Leistungssport überhaupt noch mal für mich in Frage kam. Ich wusste nicht, ob ich meine Angst vor einem erneuten Sturz überwinden und die Kraft aufbringen würde, einen neuen Begleitläufer zu suchen und mit ihm zusammen mehr oder weniger bei null anzufangen.

Wochenlang hatte ich das Thema mit meiner Familie und Freunden diskutiert. Die Meinungen gingen stark auseinander: Die einen rieten mir, nicht weiterzumachen. Ich hätte schließlich genug erreicht und viel Erfolg gehabt. Vielleicht sei es ja Zeit, das Studium zu beenden und danach eine neue Lebensphase zu beginnen. Andere – vor allem meine Mannschaftskollegen – sagten, ich solle weitermachen, das würde schon wieder klappen. Meine Eltern versuchten, trotz der berechtigten Sorge um meine Gesundheit neutral zu bleiben und meine Entscheidung nicht zu beeinflussen.

Nach einigem Hin- und Herüberlegen entschied ich, noch einmal durchzustarten. Es hätte mich frustriert, meine Karriere aufgrund eines Unfalls abrupt und gewissermaßen unfreiwillig aufzugeben. Ich wollte nicht von dem Sturz zum Aufhören gezwungen werden, ich wollte selbst entscheiden, wann Schluss sein sollte. Außerdem sehnte ich mich nach einem Ziel, für das es sich zu kämpfen lohnte, und das hätte ich im Studium allein nicht gefunden. Meine Leidenschaft war der Sport. Ich entschied mich, mir zu beweisen, dass noch nicht alles verloren war. Mein Ziel lautete: Ich will wieder so fit werden, dass ich in Vancouver an den Paralympics 2010 teilnehmen kann. Eine Medaille zu gewinnen, war mir in dem Moment nicht wichtig, das lag in viel zu weiter Ferne.

Nachdem die Entscheidung gefallen war, erzählte ich allen Menschen in meiner Umgebung von meinem Vorhaben. Es gab keine Gegenwehr, was wahrscheinlich an der Entschie-

denheit meiner inneren Überzeugung lag. Für mich erleichterte das die Sache, denn aufgrund der knappen Zeit, die mir von Mai 2009 bis März 2010 blieb, brauchte ich Verbündete. Zehn Monate waren zu kurz, um auf dem Hometrainer Bestform zu erreichen. Was ich nun brauchte, war: erstens ein Cheftrainer, der mich unterstützte und mir gute Trainingspläne schrieb. Den hatte ich in Werner Nauber. Zweitens ein gutes Umfeld, Familie und Freunde, die zum Teil meine Trainingspartner waren. Sie alle konnte ich für meine Ziele begeistern, so dass sie hinter mir standen. Und drittens einen neuen Begleitläufer. Und genau das war der Haken.

Ich brauchte einen verlässlichen Partner, der seine Aufgabe schon beherrschte und den ich bereits kannte, weil keine Zeit blieb, um bei null anzufangen und ein Vertrauensverhältnis aufzubauen. Unter normalen Umständen dauert es mindestens zwei Jahre, um ein gut eingespieltes Team zu werden. Außerdem wollte ich nicht noch einmal das Risiko eingehen, mich auf jemanden zu verlassen, der mir fremd war.

Aus diesem Grund kamen nur drei Leute in Frage: Ralf Schmidt, genannt Schmidti, mein allererster Begleitläufer, der mich in unserer sechsjährigen Zusammenarbeit sehr geprägt hat; Franz Lankes, mit dem ich von 2002 bis 2006 ein erfolgreiches Team gebildet hatte; und Thomas Friedrich, der frühere Begleitläufer meines Bruders Michael, der ebenfalls sechs Jahre Mitglied in der Nationalmannschaft gewesen war. Ich wusste, dass ich ihm hundertprozentig vertrauen konnte, denn in all der Zeit hatte er immer gut auf meinen Bruder aufgepasst und ihn nie irgendwo dagegen laufen lassen. Sie waren ein tolles und professionelles Team gewesen.

Franz und Schmidti konnten nicht aus beruflichen Gründen, aber Thomas sagte zu und ging unsere Zusammenarbeit sofort strukturiert an. Er kam zu dem Schluss, dass wir den ganzen Sommer über jedes Wochenende und ab Dezember fast täglich miteinander trainieren mussten, um uns ausreichend auf die Wettkämpfe vorzubereiten. Im Juni stand ein detaillierter Plan mit den Etappen bis zu den Paralympics im März 2010 fest – dann machten wir uns an die Arbeit.

Zähne zusammenbeißen

Seit 2011 arbeite ich für den Verein »SV Zukunft«, der Jugendliche mit schwierigen Perspektiven bei ihrer Persönlichkeitsentwicklung unterstützt. In meiner Doppelfunktion als Sportlerin und Coach gebe ich für junge Menschen zwischen 15 und 25 Jahren Workshops zu den Themen Vertrauen und Selbstwirksamkeit. Meistens finden es die Jungs und Mädels ziemlich »lässig«, dass eine Spitzensportlerin zu ihnen kommt. Wenn ich aber, sobald alle im Kreis Platz genommen haben, sage, dass wir einige Übungen machen werden, fällt bei vielen die Klappe, runter. Sie merken, dass ich von ihnen verlange, ernsthaft mitzuarbeiten. Dann geht ein Raunen durch die Klasse, und ich höre Kommentare wie: »Was denn für Übungen?« – »Mann, wir reden ja gar nicht über Sport.« Oder: »Was, ich dachte, es geht um die Olympischen Spiele?«

»Ich verteile jetzt Karteikarten«, fahre ich – die Bemerkungen ignorierend – fort, »und jeder von euch schreibt drei Dinge auf, die er besonders gut kann.«

Spätestens jetzt sinkt die Laune auf den Nullpunkt. Die Hälfte der Schüler hat noch nicht mal einen Stift parat. Es wird geraschelt und gekramt, bis alle schreibbereit sind. Ich höre, wie einige Mädchen an ihren Handtaschen herumnesteln, die sie auf dem Schoß haben. Ein paar Jungs lümmeln auf dem Stuhl oder spielen mit ihrer Baseballkappe. Ein Mädchen feilt sich die Nägel.

»Hey, was ist das für ein Geräusch links vor mir?«, frage ich in die Runde.

»Ja nix«, sagt das Mädchen, das genau weiß, dass sie gemeint ist.

»Nein, ›nix‹ hört sich anders an«, entgegne ich. »Lasst mich mal raten: Wie wäre es mit Nägel feilen?«

»Voll krass eh, woher wissen Sie das?«

»Ich kenne das Geräusch, ich feile mir ja auch die Nägel.« Die Lehrerin mischt sich ein und sagt zu einer Schülerin: »Jacqueline, wir sind hier nicht auf der Flucht. Stell mal deine Tasche runter. Das gilt auch für die anderen Mädchen.«

Der Workshop kann endlich beginnen.

Wir arbeiten eine halbe Stunde konzentriert, bis sich ein Mädchen meldet: »Boah, ich hab Kopfweh. Ich muss raus und zum Arzt.«

»Hast du wirklich Kopfweh?«, schaltet sich die Klassenleiterin erneut ein.

»Ja, aber vielleicht muss ich gar nicht zum Arzt. Ich geh erst mal heim.«

Sowohl für die Lehrkraft als auch für den Coach ist diese Situation schwer einzuschätzen. Mein erster Impuls wäre immer, dem Mädchen zu sagen: »Komm, reiß dich zusammen und bleib hier. Wir ziehen den Tag gemeinsam durch.« Die »Kopfschmerz-Schülerin« verlässt die Gruppe eine Zeitlang und kommt nach einer halben Stunde wieder. Wir arbeiten in der Zwischenzeit weiter.

Zwei Stunden später ist es im Klassenzimmer warm geworden, denn der Workshop findet an einem heißen Julitag statt. Wir haben gefühlte 42 Grad, auch wenn das Thermometer wahrscheinlich nicht über 30 Grad gestiegen ist. Allen ist heiß, auch mir, denn ich trage zu diesem Anlass einen Rock mit Jackett.

»Ich geb euch jetzt eine kleine Aufgabe. Dazu setzt ihr euch immer zu sechst zusammen ...«

Stöhnen.

»Oh, es ist so warm.«

»Mann, das ist so anstrengend.«

»Was glaubt ihr, wie das für mich gerade ist?«, frage ich in die Runde. »Meint ihr, mir ist kalt?«

»Boah, keine Ahnung«, sagt ein Junge, »vielleicht macht Ihnen das nix aus.«

»Wie kommst du darauf, dass mir das nichts ausmacht?«

»Was weiß ich ...«

»Denkst du vielleicht, dass ich kein Gespür für Hitze habe, weil ich Wintersportlerin bin? Oder dass ich einen Eiswürfel am Rücken habe?«

»Aber es ist echt warm«, wirft ein Mädchen ein, »können wir nicht mal das Fenster aufmachen?«

»O. k.«, sage ich und gehe zum Fenster.

Kaum ist das Fenster offen, setzt ein Presslufthammer ein. So etwas passiert ja gern mal in solchen Situationen. Keiner versteht mehr den anderen. Also bitte ich einen der Schüler, das Fenster wieder zu schließen.

»Mann, das hat nix gebracht, es ist immer noch so warm.«

»Tja«, beende ich die Diskussion. »Es ist nun mal Sommer, und auch morgen wird es wieder heiß sein, sagt der Wetterbericht.«

Da gerade gar nichts weitergeht, erzähle ich den Jugendlichen, wie das im Sommer mit dem Training funktioniert. Ein Langläufer muss das ganze Jahr am Ball bleiben, auch wenn der Wettkampf erst im Dezember stattfindet. Er muss also auch dann trainieren, wenn sein Ziel noch in weiter Ferne liegt.

»Im Sommer mache ich mit Skirollern, die am vorderen Rad eine Rücklaufsperre haben, Bergläufe. Das heißt im Klartext: Ich laufe mit den Dingern ungefähr acht Kilometer steil nach oben. Das ist megaanstrengend, und manchmal glüht sogar der Asphalt vor Hitze. Der Schweiß läuft in meine Augen, ich keuche, und meine Muskeln brennen wie Feuer. Aber ich muss da hoch, weil der Trainer oben mit dem Auto wartet. Und der kommt nicht runter, um mich einzusammeln. Das macht er höchstens, wenn ich verletzt bin. Weil in meiner Mannschaft nur Männer trainieren, bin ich meistens als Letzte oben. Wir laufen alle gleichzeitig los, doch am Ende müssen die Jungs immer auf mich warten. Das ist kein tolles Gefühl. Trotzdem laufe ich weiter. Und wenn ich endlich schweißnass oben angekommen bin und aus dem letzten Loch pfeife, dann höre ich einen der anderen Läufer schon rufen: ›Komm, Verena, jetzt steig endlich ein, wir wollen fahren, hier brennt die Sonne so runter.‹ Also schmeiße ich meine Ausrüstung in den Wagen und steige, verschwitzt wie ich bin, ins Auto. Da ist keiner, der mir ein kühles Handtuch oder etwas zu trinken reicht. Meint ihr, ich kann dann jedes Mal heulen oder über Kopfweh klagen? Dann wäre ich keine Sportlerin geworden.«

»Aber Sie suchen sich das ja selber aus«, murmelt einer der Jungs.

Touché.

»Ja, das stimmt, ich hab mir den Wintersport selbst ausgesucht. Ich habe mir aber nicht ausgesucht, bei 30 Grad im Sommer Bergläufe zu machen. Richtungsweisende Entscheidungen ziehen stellenweise auch unangenehme Konsequenzen nach sich, die wir aber in Kauf nehmen müssen, wenn wir auf Zielkurs bleiben wollen. Ich erzähl euch eine Geschichte dazu: 2011 war ich in Abu Dhabi zu den Laureus World Sports Awards eingeladen. Das ist sozusagen die Oscarverleihung für Sportler. Ich kam im Abendkleid ins Foyer, als eine junge Frau mich fragte, ob ich an einer Spendenaktion teilnehmen wolle: ›Möchten Sie einen Klimmzug machen? Wir spenden 500 Euro pro Klimmzug eines Mannes und 1000 Euro pro Klimmzug einer Frau!‹

Nach so einer Aufforderung fühlte ich mich natürlich angestachelt, mich an dieses Ding zu hängen. Als Sportlerin, die für einen Award nominiert ist, hätte ich es mir doch gar nicht leisten können, *keinen* Klimmzug zu machen. Als ich dann vor der Stange stand, bekam ich Bammel, weil es ziemlich heiß war und ich um mein schickes Kleid, mein Make-up und die tolle Frisur bangte. Na toll, dachte ich, was kann jetzt alles passieren? A: Das Oberteil rutscht beim Turnen runter. B: Das Kleid platzt bei einem tiefen Atemzug auf. C: Ich schaffe keinen einzigen Klimmzug. Ein paar Leute vor mir hatten das nämlich nicht richtig hinbekommen. Und das wäre das Schlimmste für mich gewesen, nicht nur weil ich der Stiftung das Spendengeld sichern wollte.

Ich entschied mich, das Ding durchzuziehen, und wählte eine Variante, der ich mich unter diesen speziellen Umständen und trotz aller Befürchtungen gewachsen fühlte. Ich machte zwei – ordentliche – Klimmzüge. Ein dritter wäre aber ehrlich gesagt schon hart geworden. Wie peinlich hätte das werden können …

An diesem Beispiel könnt ihr sehen, wie wichtig es ist, zu wissen, wofür man sich entscheidet und warum. Ich wollte Sportlerin werden, habe mich über den Preis gefreut und bin deshalb gern nach Abu Dhabi geflogen. Ich hatte aber keine große Lust, mich im Abendkleid an eine Stange zu hängen.

In dem Moment wollte ich bloß das Spendengeld für die Stiftung, deshalb habe ich mich hochgezogen. Ihr sucht euch doch auch selbst aus, dass ihr einen Abschluss macht. Wenn ihr erfolgreich sein wollt, müsst ihr euch auch immer wieder mal ›hochziehen‹, obwohl ihr glaubt, keine Kraft dafür zu haben. Ihr wollt doch alle einen Abschluss, oder?«

»Ja schon, aber das geht doch auch so …«

»Nein, das geht nicht so! Wenn ihr wirklich einen Abschluss wollt, dann heißt das, dass ihr manchmal die Zähne zusammenbeißen müsst; dann müsst ihr darauf vertrauen können, dass euch nicht jedes kleine Drama aus der Spur wirft. Das Thema Vertrauen, über das wir heute hier sprechen, ist ja nicht nur für mich als blinde Sportlerin relevant. Vertrauen ist auch für euch wichtig. Es hilft euch zum Beispiel dabei, ein gutes und offenes Verhältnis zu eurem Chef und zu euren Kollegen aufzubauen. Was heißt denn Vertrauen genau? Vertrauen hat doch viel damit zu tun, eigene Schwächen und Hilflosigkeit einzugestehen. Wenn ihr ein kleines Drama überwunden habt, könnt ihr stolz auf euch sein. Dann wisst ihr, dass ihr die Fähigkeiten, das Durchhaltevermögen und die Willensstärke habt, um auch die nächste schwierige Situation zu lösen. Ein Beispiel: In der Wintersaison 1997/98 qualifizierte ich mich für die Paralympics in Nagano, Japan. Das waren meine ersten Spiele. Bis dahin war meine sportliche Welt viel kleiner und übersichtlicher gewesen. Die Paralympics bedeuteten einen Riesensprung in eine neue, mir völlig fremde Welt. In Nagano war alles anders; auf einmal musste ich Verantwortung für mich übernehmen. Während der gesamten Spiele fühlte ich mich immer ein wenig verloren, wie ein Kind, das keiner ernst nimmt, nicht als Sportlerin und schon gar nicht als Medaillenkandidatin. Die vielen neuen Eindrücke und Aufgaben, die ich von einem

Tag auf den anderen zu bewältigen hatte, überforderten mich. Damals fiel es mir schwer, meine Trainer und Mannschaftskollegen um Unterstützung oder Hilfe zu bitten. Ich hatte den Eindruck, dass alle anderen wussten, was sie erwartete beziehungsweise was sie zu tun hatten. Nur ich nicht.

Was ich aus diesen ersten Spielen in Nagano gelernt habe, ist: Du darfst dich durch die kleinen Dramen des Lebens nicht vom Wesentlichen ablenken lassen. Es hätte mir nichts gebracht, in Nagano in meinem Zimmer zu bleiben und zähneknirschend zu warten, bis sich jemand um mich kümmert. Ich musste losgehen und mich mit anderen Sportlern zum Essen verabreden oder meine Mannschaftskollegen um Unterstützung bitten, wenn ich mich im olympischen Dorf nicht zurechtfand.

Willst du in einer unangenehmen Situation klarkommen, musst du die Zähne zusammenbeißen und selbst die Initiative ergreifen. Wenn du genau weißt, was du brauchst, und deine Bedürfnisse den Menschen an deiner Seite mitteilst, sorgst du selbst dafür, dass es dir gut geht. Dann kannst du dich wieder auf das Wesentliche konzentrieren. Hätte ich mich damals nicht so auf die kleinen Dramen fokussiert, hätte ich die gewonnenen Medaillen viel mehr genießen können.«

Schweigen – bis ein Mädchen sagt: »Ja, o. k., wie können wir das üben?«

»Stell dir mal deinen zukünftigen Arbeitsplatz vor«, wende ich mich an sie. »Du bist Kindergärtnerin und musst mit deinen Kindern bei 30 Grad drinnen bleiben, weil der Spielplatz draußen umgebaut wird. Weißt du, wer dann lautstark unter der Hitze leidet? Deine Kinder und nicht mehr du. Denn du bist diejenige, die sagt: ›Das ist schon o. k., jetzt trinken wir einen Schluck kaltes Wasser und spielen drinnen weiter.‹«

Ich schaue einen der Jungs an: »Oder stell dir vor, du bist Lagerist und packst, weil es so heiß ist, deine Kisten nicht aus. Dann ist am nächsten Tag keine Ware im Regal, und die Kunden können nichts kaufen. Wenn du Verantwortung trägst und dein Chef dir vertraut, kannst du nicht einfach aufhören zu arbeiten, weil dir zu warm ist.«

Schweigen.

»Denkt doch mal über die Folgen nach, wenn ihr euch entscheidet, nichts zu tun: heute nicht im Workshop, morgen nicht im Unterricht, am Ende des Schuljahres nicht bei den Prüfungen und auch nicht dann, wenn es darum geht, eine Lehrstelle zu suchen. Stellt euch euer zukünftiges Leben unter diesen Bedingungen mal ganz bildhaft vor. Was passiert dann?«

»Na, dann mach ich halt nichts«, wirft ein Schüler provokant ein.

»Und was hast du dann zum Beispiel schon mal nicht? Geld. Du hast keine Kohle und kannst dir keine schicken Klamotten kaufen und auch nicht in den Urlaub fahren, zum Beispiel nach Norwegen, wo es im Moment kühler ist. Du hättest weder eine schöne Handtasche noch eine coole Baseballmütze. Du hättest nichts.«

Das betretene Schweigen signalisiert mir, dass ich anfangen kann, wirklich über das Vertrauen in ihrem Leben zu sprechen.

»Was bedeutet das denn in Bezug auf das Thema Vertrauen? Was meint ihr, auf wen ich heute vertraue?«

Ich höre Fragezeichen.

»Also, erst mal auf mich. Denn ich weiß, wenn mir heiß ist, renne ich trotzdem nicht einfach weg von euch. Ich kann mich da zu 100 Prozent auf mich verlassen. Und ihr euch auch auf mich. Das ist doch schon mal ein gutes Gefühl, oder? Außerdem vertraue ich darauf, dass ihr auch nicht wegrennt.

Wenn ihr das tut, dann ist das so. Dann muss ich mich neu orientieren. Aber im Moment gehe ich davon aus, dass wir diesen Workshop zusammen zu Ende bringen – egal, ob es draußen warm, kalt, nass oder trocken ist. Egal, ob ihr Kopfweh habt oder müde seid. Ich fand es heute Morgen um sechs auch nicht so richtig toll, aufzustehen und mit dem Zug hundert Kilometer zu euch zu fahren.«

»Echt, krass! Sie sind allein mit dem Zug gekommen?«

»Ja klar, meinst du denn, dass ich aus München hergelaufen bin? Ich hab kein Auto, das heißt: Um alle Anschlüsse zu erwischen, musste ich noch früher aufstehen als jemand, der mit dem Auto fährt …«

Die eigene Spur finden

Nach zwei Jahren Seminartätigkeit für den SV Zukunft verstehe ich immer besser, warum sich junge Menschen manchmal nicht richtig anstrengen. Sie haben ihre Spur noch nicht gefunden; ihnen fehlt eine Idee oder Vision, was sie mit ihrem Leben anfangen könnten. Sie kennen ihre Fähigkeiten meistens noch nicht oder bekommen nur zu hören, was sie *nicht* können. Wie soll sich aus vagen Wünschen und Träumen ein konkretes Ziel entwickeln, für das es sich zu arbeiten lohnt? Als Coach bin ich im Workshop eine Art Begleitläuferin der Jugendlichen und unterstütze sie dabei, ihr eigenes Leben aus einer anderen – sprich: optimistischen, vernünftigen und zukunftsweisenden – Perspektive zu betrachten. Das hilft ihnen dabei, ihr Potenzial zu erkennen, ihre individuellen Fähigkeiten zu entdecken und dadurch eine Vision von ihrem Leben zu entwickeln.

Ich habe viel Verständnis für die Jugendlichen, weil Orientierungslosigkeit auch für mich beim Heranwachsen ein großes Thema war. Aufgrund meiner Blindheit fühlte ich mich oft unfähiger als meine sehenden Freunde. Damals fingen meine Freundinnen an, sich mit Mädchensachen wie Kosmetik, Klamotten und Jungs zu beschäftigen. Sie redeten dauernd über Dinge, die ich nicht sehen konnte. Sie gingen in die Disco und machten irgendwann ihren Führerschein. Lauter Erfahrungen, bei denen ich nicht mitreden konnte. Das war die schlimmste Zeit, was das Nicht-sehen-Können angeht. Damals merkte ich sehr deutlich, wo meine Grenzen in der Selbstständigkeit und in der Selbstverwirklichung lagen. Und in jener Zeit wurde mir auch klar, dass es Grenzen gibt, die sich nicht verschieben lassen. Ich konnte meine Persönlichkeit nicht so uneingeschränkt zum Ausdruck bringen wie die anderen. Das fing bei den Klamotten an und endete bei der Berufswahl.

Wie gern hätte ich mir ein InterRail-Ticket gekauft, um mit dem Rucksack Europa zu entdecken. Aber so etwas kann ich allein nun mal nicht machen, das geht nur in Begleitung. Mit Sicherheit gibt es blinde Jugendliche, die so eine Reise trotzdem unternehmen, aber mir wäre das zu anstrengend gewesen. Ich hätte mich nicht auf die Erlebnisse konzentrieren können, sondern wäre viel zu sehr mit der Organisation beschäftigt gewesen. Am meisten hat es mich geärgert, nicht mobil zu sein. Ich konnte nicht allein Fahrrad oder Auto fahren oder shoppen gehen. Und auch in beruflicher Hinsicht standen mir weniger Möglichkeiten offen. Eine meiner Freundinnen ist Architektin – ein wunderbarer Beruf. Vor kurzem hat sie ein Kinderhaus gebaut, in dem eine Krippe und ein Kindergarten untergebracht sind. Es muss ein erhebendes Gefühl sein, so etwas Sinnvolles zu erschaffen. Das hätte mir auch gefallen. Aber wer will schon ein Haus von einer blinden Architektin?

Heute kann ich diese Grenzen besser annehmen, in der Pubertät war die Einschränkung ein echtes Problem. Wie viele Jugendliche fing ich mit etwa sechzehn Jahren an, diese Grenzen bewusst auszutesten, und strapazierte damit nicht nur die Nerven meiner Eltern. (Mehr kann ich dazu nicht schreiben, sonst liest meine Mutter nicht weiter …)

Damals hatte ich mehr Quatsch als Leistungssport im Kopf. Auf die Frage, wie das Training laufe, antwortete ich meinem Trainer und Begleitläufer Schmidti in regelmäßigen Abständen lapidar: »Ja, ja, alles gut. Passt schon.« Dabei schluderte ich in der Vorbereitung ganz gehörig.

Nach monatelanger Funkstille besuchte mich Schmidti ein paar Tage bei meinen Eltern zu Hause am Bodensee. Bei der Gelegenheit fragte er meine Mutter ganz nebenbei, ob ich denn auch genug Leute habe, um täglich Sport zu machen.

»Die Verena genießt eigentlich gerade eher das schöne Leben …«, antwortete ihm meine Mutter.

Nach diesen Worten nahm mich Schmidti an einem herrlichen Sommerabend zur Brust: »So, Verena, jetzt müssen wir beide mal reden. Ich hab mich schon gewundert, dass du die letzten Monate so kurz angebunden warst, wenn unser Gespräch auf dein Trainingspensum kam. Und bei unserem gestrigen Lauf habe ich festgestellt, dass du nicht gerade in Topform bist …«

»Ja«, unterbrach ich ihn, »ich bin halt nicht so gut drauf«. Dabei wusste ich genau, was er meinte. Am Vortag waren wir zwanzig Kilometer mit den Skirollern gelaufen, ich war aber schon nach der Hälfte der Strecke ziemlich langsam geworden, weil ich nicht mehr konnte. Natürlich hatte sich Schmidti gewundert, weil das nicht die ehrgeizige Verena war, die er kannte.

»Ich will nicht, dass du mir vormachst, du hättest trainiert, wenn das gar nicht stimmt. Wenn du nicht trainierst, sag mir das bitte, sonst verschwende ich hier nur meine Zeit. Sag mir, wenn du keinen Leistungssport mehr machen willst, dann setz ich mich sofort ins Auto und fahre heim.«

Nach dieser Ansage war klar: Schmidtis Grenze war erreicht, ich kam mit meinem Verhalten bei ihm nicht mehr durch. Auch wenn ich eine Einzelsportlerin war, trug ich für ihn als Begleitläufer eine große Verantwortung. Schließlich vertraute er mir und steckte so viel Herzblut in meinen Sport und meine Ziele, dass ich seine Zeit nicht verschwenden durfte.

»Schmidti, es tut mir leid«, murmelte ich zerknirscht. »Ich will unbedingt weitermachen und trainiere ab jetzt ordentlich, damit ich nächstes Jahr fit für die Weltmeisterschaften in Crans-Montana bin.«

» O. k. Wir fangen von vorn an. Aber dieses Mal machen wir es folgendermaßen: Ich möchte schriftlich haben, was und wie viel du trainierst – und zwar nur das, was du wirklich machst!«

Von dem Moment an dokumentierte ich alle meine Trainingseinheiten ganz genau. Diese Form von Kontrolle motivierte mich enorm. Und es kam nichts aufs Papier, was ich nicht auch gemacht hatte. Konnte ich nach unserem »Einnord«-Gespräch nicht trainieren, weil sich zum Beispiel kein Begleitläufer fand, rief ich Schmidti an und fragte: »Was soll ich denn jetzt machen?«

»Hast du wirklich alles versucht? Wenn du keinen findest, dann geh aufs Laufband oder mach Krafttraining«, schlug er als Alternative vor.

Noch heute erzählt Schmidti manchmal, wie er mich in meiner »wilden« Zeit immer wieder mal »einnorden« musste, um herauszufinden, ob mir der Sport tatsächlich noch wichtig war.

Die kleinen Dramen des Lebens haben mich gelehrt, dass ich nicht gewinnen kann, wenn ich bei jedem Hindernis stehen bleibe oder sogar einen Schritt zurückweiche. Gewinnen kann nur, wer sich nicht aufhalten lässt und Stolpersteine als Sprungbrett nutzt, um Hindernisse zu überwinden.

Mit Würde stolpern

Vor kurzem war ich mit meinem Assistenten Tommi zu einem Vortrag bei einer Institution des Landes Baden-Württemberg unterwegs.

Als der Zug im Karlsruher Bahnhof Halt machte, unterhielten wir uns gerade über mein bevorstehendes Radrennen in Norwegen. Ich wollte zusammen mit meinem Tandempartner 540 Kilometer in unter 24 Stunden zurücklegen.

»Letztes Wochenende bin ich von München nach Bad Tölz geradelt«, sagte ich, als die Türen sich öffneten und ich auf die erste Stufe stieg, die vom Zug auf den Bahnsteig führt.

»Jetzt geht's raus«, unterbrach mich Tommi, während ich die nächste Stufe nahm.

»Ja, ja, aber ich wollte dir noch erzählen ...«, sagte ich und trat, noch ehe ich den Satz zu Ende gesprochen hatte, ins Leere. Weil der Schritt, den ich gemacht hatte, nicht groß genug war, fiel ich in den Spalt zwischen Zug und Bahnsteig und stand plötzlich einen Meter tiefer auf dem Gleis. Der Bahnsteig reichte mir bis zu den Hüften, und ich wusste im ersten Moment überhaupt nicht, wie mir geschah.

»Ach du Scheiße, ach du Scheiße!«, schrie Tommi von oben.

»Beruhig dich«, versuchte ich die Situation zu entschärfen, »es ist nichts passiert und alles noch dran.« Um mich aus meiner misslichen Lage zu befreien, stützte ich mich mit den Händen auf dem Bahnsteig ab und stemmte mich hoch.

Oben angekommen, klopfte ich mich ab und sagte: »O. k., mir ist nichts passiert. Aber wie sehen meine Klamotten aus?«

Weil Tommi erst nur mein rechtes Bein sah, antwortete er: »Ach, das geht, da ist nur ein ganz kleiner Fleck.« Aber als ich mich zu ihm hindrehte, zeigte sich das ganze Ausmaß der Katastrophe. »Oh nein«, stöhnte er, »die Hose kannst du nicht mehr zum Vortrag anziehen. Die hat einen riesigen Schmierfleck, der sich über das ganze linke Bein zieht.«

Normalerweise habe ich ja immer Ersatzklamotten dabei, für den Fall, dass etwas passiert. Das kennt doch jeder: Beim Frühstücken im Zug tropft etwas von der Tomate im Sandwich auf die Hose. Oder der Kaffee schwappt beim Bremsen über … Deshalb bin ich – eigentlich – immer gut vorbereitet. Aber ausgerechnet an dem Tag, wie konnte es anders sein, war ich bereits um sechs Uhr morgens losgefahren und hatte vergessen, Reservesachen einzupacken.

»Was mache ich denn jetzt?«, überlegte ich, während wir zum Taxistand liefen. Auf der Fahrt zum Ministerium kamen wir zu dem Schluss, dass es keine gute Idee wäre, Tommis Shorts anzuziehen, die er im Gepäck hatte. Also blieb nur die Jeans, die er am Leib trug. Wir beschlossen, uns gleich am Veranstaltungsort umzuziehen. Als wir kurz vor dem Termin am Ministerium ankamen, ich verdreckt und leicht derangiert, standen die Organisatoren bereits vor der Tür, um uns in Empfang zu nehmen: »Frau Bentele, schön, dass Sie da sind.«

Nach einer schnellen Begrüßung wendete ich mich diskret an einen der Herren: »So, und jetzt bräuchte ich mal ganz schnell einen Raum, um mich umzuziehen.«

Wir hatten die Damen-, Herren- und die Behindertentoilette zur Auswahl und entschieden uns für letztere, weil wir da beide reindurften und auch reinpassten. Tommi zog die Jeans aus und gab sie mir. Ich stieg hinein, zog sie mit einem Gürtel ganz eng und krempelte die Hosenbeine nach oben, damit ich das Beinkleid, das mir viel zu groß war, bei der Veranstaltung nicht verlor oder drüberstolperte.

»Ja, so kannst du gehen, Coco«, kommentierte Tommi meinen etwas unkonventionellen Businesslook. Dazu muss man wissen, dass er mich, seit wir uns kennen, aufzieht, wenn ich über meine Frisur oder meine Make-up lamentiere. Dann sagt er zu mir: »Nein, du bist doch ein schönes Kind, schöner als Coco Chanel.« Seitdem er diesen Satz das erste Mal gesagt hat, nennt er mich Coco. In dem Moment fühlte ich mich in Tommis Jeans definitiv nicht wie eine Coco. Wenigstens war dem Jackett und der Bluse nichts passiert.

Ein paar Leute mögen sich vielleicht während des Vortrags gedacht haben: ›Wie sieht die denn aus? Die Hose sitzt aber etwas unvorteilhaft. Und wieso trägt der Assistent eigentlich Shorts? Das ist ja doch recht leger.‹ Aber im Endeffekt lief der Vortrag gut, und die Veranstalter waren sehr zufrieden. Eine Woche später erzählte ich der Organisatorin von meinem Karlsruher Bahnsteigsturz, weil ich die Geschichte so lustig fand. Unter viel Gelächter bestätigte sie mir, dass man nichts davon gemerkt habe, weil ich ruhig und gelassen geblieben war. Das war ein schönes Kompliment.

Tommi behandelte mich den Rest des Tages wie ein rohes Ei: »Pass auf!«, »Ganz langsam!«, »Vorsicht, jetzt kommt eine Treppe!« Noch tagelang machte er sich Gedanken darüber, ob er etwas an unserer Kommunikation verbessern müsse: »Ich hab dich falsch geführt. Ab jetzt passe ich noch besser auf …« Doch egal, wie ich es drehe und wende, ich kann nur sagen: Mein Assistent, der ohnehin ein sehr aufmerksamer Mensch ist, hat alles richtig gemacht. Es tat mir so leid, dass er sich den Kopf zerbrach, obwohl er sich nichts vorzuwerfen hatte. Ich vertraue ihm nach dem Bahnsteigsturz genauso wie vorher und zögere nicht, wenn er mir beim Gehen eine Ansage macht. Schließlich bin ich damals nicht zum ersten Mal aus einem Zug ausgestiegen und kenne den Abstand zwischen Stufen und Bahnsteig. Weil wir uns unterhielten, habe ich schlicht und ergreifend zu wenig aufgepasst. Während der Rückfahrt sagte er beim Umsteigen ganz betont: »Coco, jetzt ein großer Schritt – und ich meine groß!«

Als ich 2000 zur Weltmeisterschaft nach Crans-Montana fuhr, stand für mich fest, dass mir eine Medaille im Biathlon so gut wie sicher war. Ich konnte gut laufen und auch ganz ordentlich schießen und hatte in dieser Saison bereits den Alpen-Cup sowie mehrere Weltcuprennen gewonnen.

Am Tag des Wettkampfs war es saukalt. Vor mir lagen 7,5 Kilometer Biathlon à drei Runden. Mein Begleitläufer Schmidti hatte meine Ski perfekt gewachst, so dass sie gut liefen. Wie immer war ich kurz vor dem Start sehr nervös. Ich stellte mir vor, wie das Rennen wohl werden würde, spielte in Gedanken alles noch einmal durch und fragte mich zum hundertsten Mal, ob ich wohl fit genug sei und was ich tun würde, falls ich schlecht schießen sollte.

Wir liefen uns ein paar Kilometer ein und machten einige Sprints. ›Oh Gott‹, dachte ich danach, ›meine Beine tun jetzt schon weh, dabei hat das Rennen noch gar nicht angefangen.‹

Schmidti bemerkte meine Nervosität und versuchte, mich zu beruhigen: »Irene« – das war neben »alte Hippe« sein Spitzname für mich –, »jetzt entspann dich mal. Das wird schon. Du kannst das. Werd locker, du weißt doch, dass du nicht nervös sein darfst, sonst triffst du nichts. Dabei haben wir das Schießen so gut trainiert. Überlege dir noch mal, worauf du im Schießstand achten musst: die Beine richtig ausstrecken, die Ski entspannt ablegen und ruhig daliegen. Verkrampfe nicht beim Schießen, atme tief durch. Und drück nicht zu früh ab, sondern warte so lange, bis du den höchsten Ton hörst.«

Als der Startschuss fiel, lief ich, so schnell ich konnte, hinter Schmidti her.

»So, jetzt langsam machen«, sagte er am Ende der ersten Runde, etwa 200 Meter vor dem Stadion. »Atme tief durch«, erinnerte er mich, als wir in den Schießstand fuhren. Danach führte er mich zur Matte und klopfte darauf, um mir anzuzeigen, wo ich mich zum Schießen hinlegen musste. Anschließend ging er wie vorgeschrieben drei Meter nach hinten. Ich setzte den Kopfhörer auf, nahm das Gewehr an die Schulter und suchte das Ziel. Über den Kopfhörer empfing ich einen Ton, der mir signalisierte, wo ich mich mit dem Gewehrlauf befand. Je dichter am Ziel, desto höher der Ton. Beim höchsten Ton versuchte ich, das Gewehr ruhig zu halten und abzudrücken.

»Irene, was ist denn los? Das waren von fünf Schüssen drei Fehlschüsse!«, sagte Schmidti, als wir auf die Loipe kamen.

›Mist‹, dachte ich, ›da muss noch was gehen.‹ In der zweiten Runde lief ich wie eine Verrückte, um die Fehlschüsse wieder wettzumachen, und kam völlig außer Atem am Schießstand an. Wieder schoss ich daneben, drei der fünf Fehlschüsse gingen sogar auf die Scheibe des Nachbarn. Das machte insgesamt acht Fehlschüsse und bedeutete, dass ich mit Sicherheit auf einem der letzten Plätze landen würde.

Nach dem Rennen heulte ich und fluchte vor mich hin: »Dieses Scheißschießen. Das mach ich nie mehr.« Alle, die mich ansprachen, bekamen zu hören: »Lasst mich bloß in Ruhe. Ich will gerade nicht reden!«

»Irene, reiß dich zusammen«, kommentierte Schmidti meinen Ausbruch. »Du kannst dich doch hier nicht so aufführen, wir können ja nichts dafür.«

Nach diesen Worten rauschte ich ins Hotel. Oder besser gesagt, ich ließ mich vom Physiotherapeuten »rauschen«, weil ich das ja allein nicht konnte. Den ganzen Nachmittag lang verkroch ich mich in meinem Zimmer, um meine Wunden zu lecken. Als es gegen 17 Uhr an meine Tür klopfte, war ich sofort auf Krawall gebürstet. Ich riss die Tür auf und hörte Schmidti sagen: »Irene, zieh dich an, wir gehen zur Siegerehrung.«

»Nein, spinnst du?«, fauchte ich ihn an, »ich geh nicht zur Siegerehrung. Da hab ich doch nichts verloren. Heute war alles nur furchtbar. Ich hab ständig danebengeschossen. Du hast doch im Gegensatz zu mir bestimmt schon die Ergebnisliste gesehen.«

»Ja, es hat sich bestätigt, du bist Vorletzte geworden«, antwortete Schmidti ganz ruhig.

Als er sah, dass ich völlig aus dem Häuschen war, fügte er hinzu: »So, und jetzt hör mir mal gut zu, junge Dame. Erstens haben ein paar deiner Mannschaftskollegen gewonnen. Und zweitens hat Elisabeth Maxwald Gold geholt. Und wenn die Lilly gegen dich verloren hat, kam sie bisher auch immer zu deiner Siegerehrung. Deswegen gebietet es der Respekt, dass du jetzt gefälligst mit auf den Marktplatz gehst.«

Ich schluchzte und schniefte und schluchzte, bis Schmidti irgendwann genug hatte und sagte: »So, Irene, jetzt hast du fertig geheult. Wisch dir die Tränen weg, putz dir die Nase, zieh dich an, und dann gehen wir.«

Auf der Siegerehrung stand ich die erste Zeit ziemlich zerknirscht herum. Sprach mich jemand an, brummte ich nur in meinen Jackenkragen. Doch im Laufe der Veranstaltung beruhigte ich mich. Und irgendwann brachte mir Schmidti eine Tasse Glühwein – von wegen Sportler trinken nichts! – und sagte: »So, Irene, jetzt stoß mal mit mir an … Übermorgen ist das 5-Kilometer-Rennen, und da bist du wieder fit. Das sag ich dir!«

Mit dieser Aktion stellte Schmidti mich nicht nur in die Schuhe, sondern brachte mir auch etwas fürs Leben bei: Wer den Wettkampf mag und sich diesem Kräftemessen stellen will, muss lernen zu verlieren. Ich bin keine, die gern verliert. Ich werde auch nicht gern Zweite, geschweige denn Dritte oder Vierte. Der Silbermedaillengewinner ist doch im Grunde genommen schon der erste Verlierer. Diese Haltung hat mich bestimmt zu einer sehr erfolgreichen Sportlerin gemacht. Wer in einem Wettkampf an den Start geht, nimmt das Risiko einer Niederlage bewusst in Kauf und muss mit Anstand und Respekt vor dem Sieger verlieren können. Diese Erfahrung in Crans-Montana hat mich verändert, weil ich dazu gezwungen wurde, mich mit meinen Schwächen auseinanderzusetzen. Von da an konnte ich bei einer Siegerehrung, wenn ich nicht auf dem Siegertreppchen stand, zu meinen Konkurrentinnen sagen: »Glückwunsch! Congratulations! Поздравляем! Du warst heute einfach die Bessere.«

Während meiner aktiven Sportlaufbahn hatte ich eine Konkurrentin, Tatjana Iljutschenko, eine Russin, mit der ich mich immer wieder duellierte. Mal stand ich als Siegerin auf dem Treppchen, mal sie. Und wenn sie gewann, wusste ich meistens warum. Sie hatte im klassischen Stil, der mir wie gesagt nicht besonders lag, viel öfter die bessere Technik. Dann war es auch richtig, dass sie gewann. Aber jedes Mal, wenn ich gewann, kam Tatjana zu mir und sagte mit ihrem wunderbaren russischen Akzent: »Verena, you are amazing. Du bist fantastisch. Gegen dich ist kein Kraut gewachsen.« Sie war immer herzlich und aufgeschlossen. Auf welcher Position auch immer sie neben mir auf dem Treppchen stand, sagte sie: »Verena, das war einfach ein gutes Rennen.«

Das soll jetzt nicht heißen, dass es mir heutzutage nichts ausmacht, über meine eigenen Fehler zu stolpern. Nein, darüber werde ich mich immer ärgern! Aber seit dem Erlebnis mit Schmidti in Crans-Montana habe ich gelernt, es mit Würde zu tun.

Haltezone 2
Zielen trainieren

A Ziele anvisieren

Wer gewinnen will, muss sich sein Ziel genau vorstellen und es fokussieren. Und er muss darauf vertrauen, es aus eigener Kraft erreichen zu können. Dazu braucht es Aufmerksamkeit, Konzentration und Präzision.

Mit dieser Übung schärfst du deine Wahrnehmung, richtest deine Sinne auf das Ziel aus und blendest störende, verunsichernde Umfeldfaktoren aus.

Schritt 1: Die Wahrnehmung schärfen

Öffne das Fenster und suche dir drei markante »Zielobjekte«. Du hörst zum Beispiel einen Rasenmäher, du siehst das Nachbarskind spielen und du riechst die Fliederhecke am Gartentor. Nun konzentriere dich nacheinander auf jedes einzelne dieser Objekte, und nimm all seine Eigenschaften mit deiner vollen Aufmerksamkeit und allen deinen Sinnen wahr. Anschließend nimmst du ein Blatt Papier, schreibst die drei Objekte auf und ordnest ihnen drei Adjektive zu, die sie am eindrücklichsten charakterisieren:

Rasenmäher: laut, stinkend, schnell
Nachbarskind: fröhlich, wild, voller Sand
Fliederhecke: lila, süß duftend, schön

Schritt 2: Den Transfer vornehmen

Schau aus dem Fenster deines Lebens und überlege, welches Thema für dich gerade oberste Priorität hat. Die folgenden Fragen erleichtern die Suche: Was beschäftigt mich momentan am meisten? Was möchte ich anders machen? Anschließend nimmst du ein Blatt Papier und hältst das Thema beziehungsweise das Veränderungsanliegen fest. Nehmen wir beispielsweise einen geplanten Jobwechsel. Such dir drei markante Zielpunkte, also drei Faktoren, die für das Thema, in diesem Fall den Jobwechsel, relevant sind, und finde jeweils drei Adjektive, die sie deiner Ansicht nach am treffendsten charakterisieren:

Neue Firma: groß, unübersichtlich, verwirrend
Neue Kollegen: einschüchternd, aufregend, hilfreich
Mehr Verantwortung: herausfordernd, erfüllend, lehrreich

Diese Fokussierung ist der erste Schritt in Richtung Ziel, denn so entsteht ein inneres Bild, an dem du dich orientieren kannst. Dein Thema wird konkret fassbar: Die große Firma ist eine Herausforderung, weil ich mich in einem neuen System zurechtfinden muss. Das bedeutet aber auch eine Chance, weil ich durch die neue Verantwortung viel lernen und mich entwickeln kann. Meine Kollegen spielen eine wichtige Rolle dabei; sie können mir durch ihre Unterstützung und ihr Vertrauen in mich dabei helfen, meine Ziele zu realisieren.

B Der Ziel-Check

Mit einem Ziel-Check machst du deinen Weg zum Ziel nachvollziehbar und messbar, und zwar, indem du die einzelnen Trainingsetappen und Lernaufgaben dokumentierst. Der Ziel-Check zeigt außerdem, wo du deine Vorgehensweise neu anpassen musst. Das Gute daran, dass du deinen Weg dokumentierst, ist, dass du dadurch das Feedback anderer verifizieren oder widerlegen kannst. Mit Hilfe dieser Form von Bestandsaufnahme siehst du nicht nur deine Entwicklung und deine Fortschritte, du kannst auch verhindern, dass aus Fehlannahmen hinderliche Glaubenssätze werden. Die Wirkung einer solchen Bestandsaufnahme lässt sich mit einer wohlwollenden Kontrollinstanz verstärken. Aber letztendlich machst du eine solche Dokumentation nur für dich.

Ich habe wiederholt gute Erfahrungen mit der Dokumentation des Weges in Richtung Ziel gemacht. 2009 zum Beispiel wollte ich ein leidiges Frauenthema bearbeiten und abnehmen. Also sagte ich zu meinem Begleitläufer Thomas: »Drei Kilo müssen weg!«

Er machte mir folgenden Vorschlag: »Schreib doch einfach mal zwei Wochen lang ganz genau auf, was du wann isst und trinkst.«

»Tolle Idee«, antwortete ich, »wir machen das noch härter! Ich gebe dir regelmäßig eine Liste aller Speisen und Getränke, die ich zu mir genommen habe. Und du sagst mir, was du dazu meinst.« Da er im Gesundheitsmanagement tätig ist, kennt er sich gut mit Ernährungsfragen aus. Hätte ich die Dokumentation nur für mich gemacht, hätte ich manchmal geschludert. So aber notierte ich jedes Bonbon, jede Tasse Kaffee, jeden Keks, jeden Apfel und jeden Schluck Saft. Wann immer ich in Versuchung geriet, sagte meine innere Stimme: »Mann, der liest das doch. Wenn der sieht, dass du abends vier Scheiben Brot mit Blauschimmelkäse und hinterher eine halbe Tafel Schokolade verputzt hast, wäre das nicht nur deinem Ziel nicht dienlich, sondern es wäre dir auch richtig unangenehm. Oder?«

Mein eigenes Verhalten schriftlich festzuhalten, öffnete mir die Augen und ermöglichte mir, mich zu kontrollieren und damit eingefahrene Mechanismen zu durchbrechen. Das hat gewirkt: Ich habe innerhalb von vier Wochen drei Kilo abgenommen.

Die vielfältige Rückmeldung, die eine Dokumentation bietet, lässt keinen Interpretationsspielraum. Sie ist deshalb auch für Menschen hilfreich, die sich öfter mal benachteiligt beziehungsweise ungerecht behandelt fühlen oder auf der Stelle treten. Mit den folgenden Komponenten kannst du eine Dokumentation anfertigen.

Du brauchst:

- ein genau definiertes Ziel,
- eine Bestandsaufnahme (Leistungsniveau, Gewicht, Laufzeiten etc.),
- einen zeitlichen Rahmen (Anfang und Ende),
- quantitativ messbare Angaben (Laufzeiten, Kilometer, Essensmengen, Tage, Wiederholungen etc.),
- ein Notizfeld, in das du qualitative Bemerkungen machen kannst (Wohlbefinden, körperliche Verfassung, Erfahrungen, schlechte Angewohnheiten etc.),
- eine wöchentliche Bilanz (Welche Fortschritte hast du gemacht?),
- eine Kontrollinstanz (Kollegen, Freunde, Familie, Trainer etc.).

C Vertrauensfragen

Zur Erinnerung: Sich trauen – darum geht es bei der Beantwortung der Vertrauensfragen. Sie dienen dir als Starthilfe, um Veränderungen aktiv begegnen zu können. Geh das Wagnis ein, nach innen zu schauen und ehrlich zu antworten. Denn nur du selbst kannst die Kontrollinstanz auf deinem Weg zum Ziel sein. Nur du selbst kannst deine Grenzen verschieben.

- Welche »Goldmedaille« würdest du dir gern holen, traust dich aber nicht?
- Welche kleinen Dramen hindern dich daran, für den Sprung aufs Siegertreppchen zu trainieren?
- Was musst du aufgeben, wenn du deine Komfortzone verlässt?
- Welche Hindernisse bringen dich immer wieder mal ins Stolpern?

- Wen oder was machst du verantwortlich, wenn die Dinge nicht so laufen, wie du es dir vorstellst?
- Woran erkennst du, ob du mit Vertrauen und Zuversicht das richtige Ziel verfolgst?
- Was musst du tun, um deine Goldmedaille zu gewinnen?
- Wie hoch ist die Investition, um diese Medaille zu holen?
- Wie kannst du den Glauben an dich zurückgewinnen, nachdem du eine Niederlage einstecken musstest?
- Welcher Begleitläufer kann dir dabei helfen, deine Ziele zu erreichen?

III. Verantwortung übernehmen

25. Juni 2009.
Erste Trainingseinheit.
Isarvorstadt, München.

Unser erstes Skirollertraining nach meinem Unfall fand auf der 42 Hektar großen Theresienwiese statt, wo Ende September in Dirndl und Lederhosen gefeiert wird.

An dem Tag wollte das Bayerische Fernsehen einen Bericht darüber drehen, wie ich das Training wieder aufnahm. Das Team filmte meinen Begleitläufer Thomas und mich zunächst im Kraftraum, dann beim Joggen und anschließend auf dem flachen Gelände mit den Rollskiern. Sie hatten die Aufnahmen schnell im Kasten und verabschiedeten sich – zu meinem Glück!

Nachdem wir nämlich ein paar Runden über die Theresienwiese hinter uns gebracht hatten, lief Thomas auf die Teerstraße, die zur Bavaria hochführt.

›Oh nein‹, schoss es mir durch den Kopf, als wir nach oben fuhren. ›Der Teer ist ja total rau und holprig. Und ich muss da gleich wieder runter.‹

»Schön, dass wir hochgekommen sind«, sagte ich oben zu Thomas, während ich die Skiroller abschnallte. »Aber runter fahr ich da nicht, ich gehe zu Fuß. Von mir aus können wir dann unten weiterlaufen.«

»Halt«, pfiff mich Thomas zurück. »Du läufst jetzt nicht mit den Langlaufschuhen da runter.«

»Aber dann musst du mich an der Hand nehmen. Ich komm da nicht allein runter. Da fall ich garantiert hin.«

In diesem Moment merkte ich, dass die Geschwindigkeit sich allein auf den Skirollern viel schlimmer anfühlte als zu zweit auf dem Tandem.

Wie unangenehm! Ein so ängstliches Verhalten steht einer Profisportlerin nicht gut zu Gesicht. Aber ich musste diese verdammte Angst zulassen. Hätte ich mich verkrampft, wäre die Wahrscheinlichkeit, tatsächlich auf die Nase zu fallen, viel höher gewesen. Und jeder, der schon mal auf Asphalt gestürzt ist, kennt den Schmerz solcher Schürfwunden.

Ich weiß nicht, was passiert wäre, wenn ich mir die Angst in dem Moment nicht erlaubt oder wenn Thomas gesagt hätte: »Komm, stell dich nicht so an! Du fährst da jetzt gefälligst runter.« Vielleicht wäre ich wieder böse gestürzt, vielleicht hätte ich auch die Skiroller abgeschnallt und sie nie wieder angezogen. Aber nichts dergleichen geschah. Thomas nahm mich einfach an der Hand, und wir fuhren nebeneinander die Abfahrt herunter. Ich glaube, dass ich seine Hand vor lauter Anspannung fast zerquetscht habe. Als wir den »Paarlauf« zweimal wiederholt hatten, schlug Thomas vor, dass ich mich an seinem Skistock festhalten solle, so wie wir das beim Wettkampf in den Haltezonen machten. Normalerweise fahre ich dem Begleitläufer locker hinterher und halte dabei seinen Stock mit einer Hand fest. An diesem Tag aber klammerte ich mich mit beiden Händen daran, als hinge mein Leben davon ab. Unten angekommen, konnte ich ihn erst nach ein paar Sekunden loslassen.

Mit jeder Trainingseinheit verringerte sich meine Angst zwar ein kleines bisschen, aber bis September blieb es doch eine Herausforderung, mit den Skirollern steilere Abfahrten zu bewältigen, auf denen ich mehr Geschwindigkeit bekam.

Vor dem Unfall war ich in dieser Hinsicht völlig angstfrei gewesen. Ich hatte, obwohl ich nichts sehe, kein Problem damit gehabt, schnelle Abfahrten zu machen. Nach dem Unfall hatte mich der Mut verlassen, und die Angst war auf einmal mein regelmäßiger Begleitläufer. Wann immer es bergab ging, dachte ich ans Hinfallen und die schrecklichen Konsequenzen. Da war mir klar, dass ich ein ernsthaftes Problem hatte! Wollte ich in Vancouver antreten, musste ich in der Lage sein, alle Abfahrten maximal schnell zu nehmen, und zwar ohne nach dem Skistock meines Begleiters zu greifen.

Wir wendeten deshalb im Verlauf des Trainings gezielte Methoden zur bewussten Angstüberwindung an, mit denen ich nach und nach meine Grenzen verschieben konnte. Als Erstes gewöhnten Thomas und ich uns beim Training an, viel und offen miteinander zu kommunizieren. Normalerweise redet vor allem der Begleitläufer, während der Athlet sich auf die Ansagen und das Laufen konzentriert. Vor Vancouver veränderten wir diese Systematik, um ein verbales Sicherheitsnetz zu spannen. Ich sagte ihm, wenn ich mich in einer Situation unsicher fühlte oder seine Unterstützung brauchte, damit sich nicht zu viel Angst in mir aufstaute. Je genauer er mir wiederum erklärte, auf welcher Grundlage meine Bewegung stattfand, desto mehr traute ich mir zu.

Als Zweites optimierten wir mit Hilfe präziser Ansagen meinen Laufrhythmus. Im Training kam Thomas irgendwann auf die Idee, mir »Hopp ... und ... Hopp ... und ... Hopp« vorzugeben. Mit dieser Rhythmusansage gelang es mir, so lange auf dem linken Bein zu gleiten, bis ich das nächste »und« hörte. Dann erst wechselte ich auf das rechte Bein.

»Du wirst im Langlauf nicht gut«, sagte er mir immer wieder, »wenn du schnelle Bewegungen machst. Du musst deinen Schwung ausnutzen. Das spart Energie und bringt Geschwindigkeit und Meter.«

Wenn sich ein Mensch auf unsicherem Terrain bewegt, neigt er dazu, die Arme auszustrecken, um sich zu schützen, falls plötzlich ein Hindernis im Weg steht. Weil ich auf der Loipe keinen Blindenstock bei mir habe, würde ich impulsiv die Arme mit den Stöcken gern nach vorn strecken, um mich selbst abzusichern.

Hinzu kommt, dass blinde Athleten durch den fehlenden Sehsinn über keinen so ausgeprägten Gleichgewichtssinn verfügen wie sehende Sportler. Mit der Rhythmusansage »Hopp … und … Hopp« überwand ich meine Unsicherheit und glitt ein bis zwei Meter weiter auf einem Bein. Dank der präzisen Kommandos meines Begleitläufers konnte ich entspannt gleiten und hatte keine Angst, ein paar Meter länger auf nur einem Ski zu stehen. Da wusste ich, dass ich auf dem richtigen Weg war. Ich hatte meinen Körper darauf programmiert, einbeinig zu balancieren. Die fruchtbare Kontrolle half mir dabei, mein Tempo wiederzufinden.

Als Drittes unterzogen Thomas und ich uns alle zwei Monate einer quantitativen Leistungsüberprüfung auf einem Speziallaufband im Trainingszentrum Oberwiesenthal in Sachsen. Ein Leistungstest ist das perfekte Mittel, um im Zielerreichungsprozess ein ehrliches, direktes und differenziertes Feedback zu bekommen. Denn der Messwert gibt neben dem qualitativen Feedback im Training auch noch ein quantitatives, an dem sich nicht rütteln lässt. Eine Leistungsdiagnostik ist nicht diskutier- oder interpretierbar. Hätte ich meinem Trainer eine gute Grundlagenausdauer vorgegaukelt, wäre das spätestens bei dem Test herausgekommen.

Das Laufband, auf dem ich trainierte, war im Boden eingelassen und wesentlich länger und breiter als die Trainingsgeräte im Fitnessstudio. Es verfügte über eine an der Decke befestigte Sicherheitsleine, die wiederum mit einem Klettergurt, den ich umgebunden hatte, verbunden war. Fiel ich beim Training hin, bekam die Leine über den Gurt an meinem Rücken einen Impuls, und das Laufband ging automatisch aus. Zur doppelten Absicherung der blinden Sportler entwickelte Werner Nauber noch eine besondere Vorrichtung. Er stand beim Training auf einer kleinen Plattform vor dem Laufband und hielt ein kurzes Seil in der Hand, das vorn an meinem Klettergurt festgemacht war. Von dieser Position aus machte er seine Ansagen: »Komm weiter vor!« oder »Geh weiter zurück!« War ich zu langsam, spürte ich die Spannung im vorderen Seil und lief schneller. Fiel ich hin, kam wie gesagt die hintere Leine zum Einsatz, und das Band ging aus.

Das Laufband verfügte über ein Computerprogramm, das die Olympiastrecke in Vancouver simulierte. Ich weiß nicht mehr, wie oft ich die Rennstrecke theoretisch abgelaufen bin, ohne jemals dagewesen zu sein. Beim Training der »Hopp … und … Hopp«-Technik im Zentrum in Oberwiesenthal erbrachte ich den quantitativen Nachweis, wie viele Meter ich auf einem Bein schaffte: Mein Höchstwert lag bei 9,6 Metern pro Sekunde.

Innerhalb dieser Komfortzone gewann ich Sicherheit und reaktivierte meine Bewegungsmuster. Heute würde ich sagen, dass diese Form des Trainings eine Strategie zur Risikominimierung war: Lernen im sicheren Raum. In einem wirklichkeitsnahen Umfeld, das aber deutlich risikoärmer war als die Realität, konnte ich daran arbeiten, meinen Fähigkeiten wieder zu vertrauen und mit hoher Geschwindigkeit zurechtzukommen. Diese gesteuerte und fruchtbare Kontrolle, die mei-

ne Angst minderte, gab mir die Freiheit, mich auszuprobieren, ohne dabei schlechte Erfahrungen zu machen.

Mitte September 2009 hatte ich beim Training auf dem österreichischen Dachsteingletscher ein Erfolgserlebnis, das mir zeigte, dass ich wieder genauso mutig war wie vor dem Unfall. Nachdem Thomas und ich aus dem Lift gestiegen waren, mussten wir erst eine ziemlich steile Abfahrt nehmen, um zur Langlaufloipe zu gelangen – und das bei stürmischem Wetter, Nebel und Minusgraden. Die für Langläufer angelegte Spur war von Schneeverwehungen bedeckt und kaum mehr zu spüren. Ich hatte Mühe, an Thomas dranzubleiben, denn die Windböen verschluckten jedes zweite »Hopp«.

»Vorsicht, jetzt wird es huckelig«, rief er plötzlich, aber da war es schon zu spät, weil mir eine Bodenwelle in die Quere gekommen war, die ich nicht schnell genug ausgleichen konnte. Es zog mir einen Ski weg, ich fiel – und landete im Tiefschnee.

»Huch, wo bist du?«, hörte ich Thomas etwas weiter entfernt.

»Das ist so schön!«, rief ich ihm zu, »genau so muss Winter sein! Wenn schon fallen, dann bitte immer in weichen Tiefschnee!« Ich wälzte mich mit einem Grinsen auf dem kühlen Bett aus Schnee hin und her und hätte gut und gern noch eine Weile liegen bleiben können.

»Steh wieder auf«, sagte Thomas, als er bei mir angekommen war. »Du musst ein bisschen nach rechts laufen, da ist die Spur besser.«

Auch wenn der plattgewalzte und gleitfähige Schnee mein Element als Sportlerin ist, war in diesem Moment der Tiefschnee das beste Heilmittel für meine Angst. Dieser Sturz neutralisierte in gewisser Weise den Unfall in Nesselwang. Damals war ich auf den steinigen Boden eines Flussbetts gefallen, ein harter und schmerzhafter Untergrund, der nichts mit Langlaufen zu tun hatte. In der Geborgenheit des Tiefschnees erinnerte sich mein Körper daran, dass er auch weich fallen konnte.

Thomas amüsierte sich königlich, weil ich nach der Landung im Tiefschnee von Kopf bis Fuß weiß war und aussah wie der Weihnachtsmann persönlich. Obwohl ich komplett durchnässt war, hatte dieses Erlebnis etwas von einer Wiedergeburt: Bentele war wieder da. Ich wusste, dass ich auf einem guten Weg war, denn ich hatte das Vertrauen in mich selbst wiedergefunden. Von einer Sekunde auf die andere hatte ich wieder die korrekte Ablaufkette von Ereignissen und deren Konsequenzen vor Augen: Wenn du Langlauf machst, kommst du schneller den Berg runter als zu Fuß. Wenn du den Berg runterrast, kannst du hinfallen. Wenn du hinfällst, musst du wieder aufstehen. Wenn du aufstehst, schüttelst du den Schnee ab. Wenn du damit fertig bist, läufst du schnell weiter, damit dir warm wird. Und je schneller du fährst, desto eher kommst du an und desto höher ist die Wahrscheinlichkeit, dass du am Ende auf dem Siegertreppchen stehst. Ein Sturz bedeutet in der Regel nicht das Aus, sondern lediglich: aufstehen, abschütteln, weiterlaufen.

Den Auftakt in meiner ersten Rennsaison nach dem Unfall machten 15 Kilometer klassisch beim Weltcup im Dezember 2009 in Sjusjoen, Norwegen – ein Rennen, das ich nicht mochte und bisher nie gewonnen hatte.

»Ich sehe im Klassischen echt noch Potenzial bei dir«, hatte Thomas während der gesamten Trainingszeit wiederholt, »das musst du ausschöpfen.«

Aber in meinem Kopf stand in Riesenlettern eingemeißelt: »Ich kann und ich mag die klassische Technik nicht!« Bis dahin war ich überzeugt davon, keine Kraft zu haben. Meine

Trainer sagten mir immer wieder, meine Technik sei zwar schon ganz gut, in Sachen Kraft hätte ich jedoch noch viel Trainingsbedarf. Wir Menschen neigen dazu, uns manche Bemerkungen besonders gut einzuprägen und daraus ein Riesending zu machen, selbst wenn sie eigentlich ganz nebensächlich sind oder nur achtlos dahergesagt wurden. Man hört ja oft nur das, was man hören will. Bei mir war hängengeblieben: »Keine Kraft da!« Das Wörtchen »noch« hatte ich komplett überhört und interpretierte diese Aussage um in: »Ich kann Krafttraining nicht und mache es deshalb auch nicht gern!« Anschließend manifestierte ich sie in meinem Gehirn als Glaubenssatz, der mich praktisch meine gesamte sportliche Laufbahn begleitete. Jahrelang habe ich deshalb nie einen ernsthaften Versuch unternommen, an dieser Schwäche zu arbeiten.

Heute weiß ich, dass mir meine Trainer das Krafttraining ans Herz legten, weil die Diskrepanz zu anderen Bereichen wie Ausdauer, Koordination, Technik, Mut und Ehrgeiz sehr groß war. Meine Trainer sahen in mir die Athletin, die unbedingt gewinnen wollte. Sie erkannten, dass mich mein Kraftdefizit jedoch daran hinderte. Deshalb wiesen sie mich immer wieder darauf hin.

Im Verlauf meiner Karriere wurde ich zwar besser im Kraftraum. Aber wie gut hätte ich werden können, wenn ich von Anfang an daran geglaubt hätte, die Kraft entwickeln zu können! Einmal ganz abgesehen davon, dass ich dann auch Spaß daran gehabt und die Sache schneller gelernt hätte. So war und blieb es für mich eine Quälerei, im Fitnessraum zu sein und Krafttests machen zu müssen.

Wir hatten ein Trainingsgerät, das die Wattzahl und Frequenz meiner Züge maß, wenn ich an den daran befestigten Langlaufschlaufen zog. Meine Ergebnisse fielen regelmäßig überproportional schlechter aus als die meiner Mannschaftskollegen, was in allen anderen Leistungstests, etwa beim Ausdauertraining auf dem Laufband, nicht der Fall war. Kein Athlet kann alles gleich gut. Entscheidend ist doch die Frage: Wo liegt das größte Entwicklungspotenzial eines Menschen? In meinem Fall lag das eben im Krafttraining und im Schießen, das mir ebenfalls nicht so leichtfiel. Eine Kategorisierung nach »gut« und »schlecht« macht auf dem Sportplatz genauso wenig Sinn wie am Arbeitsplatz oder sonstwo.

Bei den Krafttests war und blieb ich richtig schlecht, nicht zuletzt deshalb, weil ich mir schon am Tag vorher Gedanken machte, ob die Werte diesmal endlich besser sein würden als beim letzten Test. Ich spürte, dass ich nicht besser wurde. Trotzdem schaffte ich es nicht, etwas daran zu ändern.

Von meinen männlichen Kollegen wusste ich, dass sie jeden Morgen nach dem Aufstehen Liegestütze neben dem Bett machten oder am Kraftgerät trainierten. Auch wenn ich es mir immer wieder vornahm, bekam ich das in dieser Regelmäßigkeit nicht hin. Nach einem stressigen Tag mit Training und Schule beziehungsweise später Universität strich ich als Erstes das Krafttraining von meiner To-do-Liste. Diese Schwäche bekam ich bis zum Ende meiner sportlichen Laufbahn nicht geregelt.

Um mich nicht mit meinem Kraftdefizit auseinandersetzen zu müssen, versuchte ich bei jeder Gelegenheit, eine Konfrontation damit zu vermeiden. »Ach, wenn wir so wenig Zeit haben, sollten wir die klassische Technik lieber bleiben lassen«, säuselte ich Thomas vor dem Weltcup in Sjusjoen ins Ohr. »Komm, wir konzentrieren uns auf das, was ich richtig gut kann: Freistil und Biathlon. Skaten und Schießen bekomme ich hin, aber klassisch?!«

»Vergiss es!«, fiel er mir ins Wort. »Erstens bringt dir die klassische Technik Kraft und Koordination. Und zweitens bin ich überzeugt davon, dass du das kannst. Du hast das Potenzial, das weißt du, deshalb kommst du mir nicht davon. Wenn du mit mir als Begleitläufer trainieren willst, dann wird klassisch gelaufen.«

Nach diesen klaren Worten rief er unseren Trainer an, und gemeinsam schmiedeten sie eine Allianz gegen mich (bzw. aus heutiger Sicht: für mich). Werner entwarf uns einen Trainingsplan mit viel klassischer Technik, damit ich gezielt an meinem Handicap arbeiten konnte. Im Nachhinein muss ich zugeben, dass mir die beiden mit dieser Aktion eine richtige Mutspritze verpasst haben, auch wenn ich vor dem Weltcup-Auftakt in Sjusjøen noch einen letzten Drückeberger-Versuch unternahm. »Sollen wir das klassische Rennen nicht lieber ausfallen lassen?«, schlug ich Werner und Thomas am Morgen des Wettkampfs vor. »Wir laufen hier vier Rennen innerhalb von fünf Tagen. Das wird echt hart, wenn wir alles machen, weil wir dann nur einen Tag Pause haben.«

Wir feilschten eine Weile um das klassische Rennen, doch die beiden blieben hart. »Reiß dich am Riemen, und spiel hier nicht das Mädchen. Du machst das jetzt.«

Ende der Durchsage.

Weil ich keine Möglichkeit mehr sah, mich aus der Situation herauszuwinden, ging ich schließlich an den Start. Während des Wettkampfs klappte einfach alles: Ich lief schnell, technisch gut und war hochkonzentriert, auch wenn ich mich ganz schön anstrengen musste und die ganze Zeit wie ein Walross schnaufte. Eigentlich ist es unmöglich, fünfzehn Kilometer in ständiger Schnappatmung zu laufen, aber ich war einfach zu aufgeregt, um ruhig zu atmen. Dieses Rennen, das erste nach meinem Unfall, war eine Bestandsaufnahme im internationalen Vergleich vor Vancouver. Die Trainingsergebnisse hatten mir bis dahin ja immer nur eine Einschätzung geliefert. Ich war über-

zeugt, dass Thomas und ich optimal trainiert hatten, deswegen wollte ich meine Sache gut machen. Hätte ich dieses erste Rennen »versaut«, wäre ich im Hinblick auf meine Leistungsfähigkeit sicher erheblich ins Zweifeln gekommen.

Nach der ersten Runde rief uns Werner vom Streckenrand zu, dass wir auf Platz zwei lagen. Thomas bemerkte meine Nervosität und erinnerte mich immer wieder daran, ruhig zu bleiben, lange Schritte zu machen und mich nicht von dem Tohuwabohu um uns herum ablenken zu lassen. Lyubov Vasilyeva, eine russische Läuferin, hing mir das ganze Rennen über an den Fersen, mal war sie knapp hinter mir, mal ein paar Schritte vor mir. Ich versuchte, alles um mich herum auszublenden, und lief konzentriert und schnappatmend weiter. Und was soll ich sagen: Ausgerechnet in der Disziplin, die ich am wenigsten mochte, gewann ich das Rennen. Ich war genauso überrascht wie Werner, Thomas, meine Mannschaftskollegen – und meine Konkurrentinnen.

»Na, mein Mädel, ich bin so stolz auf dich«, rief Werner lachend, als ich durchs Ziel gelaufen war. »So hab ich mir das vorgestellt.«

»Das trifft sich gut, ich mir auch ...«

»Hab ich es dir nicht gesagt: Du kannst klassisch«, sagte Thomas. »Du darfst dich bloß nicht so anstellen. Da muss man durch und sich selbst disziplinieren.«

Als Preis gab es eine Siegerschale, die mir heute noch schöne Erinnerungen beschert, wenn ich meinen Salat darin anrichte.

Nach diesem Schlüsselrennen folgten noch zwei Siege im Biathlon und einer im Freistil-Rennen. Ich war tatsächlich wieder da. Thomas hatte recht behalten mit seiner Einschätzung: Indem er mich mit der Nase auf mein eigenes Potenzial stieß, zwang er mich zu meinem Glück.

Nach dem Weltcup in Sjusjoen tauchte ein neues Ziel auf: Ich wollte mich nicht mehr nur für die Paralympics qualifizieren, ich wollte auch eine Goldmedaille holen.

»Was??«, mokierten sich meine Mannschaftskollegen einstimmig, als ich ihnen davon erzählte. »Dein Ziel muss doch sein, da alles abzuräumen.«

Obwohl das verlockende Aussichten waren, war mir diese Zielsetzung eine Hausnummer zu hoch. Es baut sich ein enormer Erwartungsdruck auf, wenn andere permanent sagen, wie erfolgreich man sein wird. Ich halte nichts davon, mit so einer Einstellung in einen Wettkampf zu gehen. Da ist der Fußball das beste Beispiel: Vor jeder Weltmeisterschaft ist ganz Deutschland überzeugt: »Wir werden Weltmeister!« Und alle vier Jahre steigt der Erwartungsdruck ins Unermessliche. Die deutsche Nationalmannschaft wird zuerst in den Himmel gelobt und dann mit ihrem Scheitern konfrontiert. Denn seit 1990 ist kein einziges Mal etwas aus dem WM-Titel geworden.

Mir ist klar, dass die Meinungen bei diesem Thema auseinandergehen. Manch einer wird an dieser Stelle vielleicht einwerfen wollen: »Aber Verena, du musst doch immer das Beste wollen.« Ja, das stimmt, daran ist auch nichts verkehrt. Es geht mir nicht darum, meine Ziele niedrigzustecken. Ich frage mich nur, wie genau sich das Beste definiert und woran es sich messen lässt: an der Höchstleistung, die ich in einem Wettkampf erziele? Oder an meiner eigenen Leistungsfähigkeit? Natürlich bringen dich hochgesteckte Ziele voran – solange du dich realistisch einschätzt. Ein Ziel muss konkret vorstellbar sein und dem eigenen Potenzial entsprechen. Oder anders ausgedrückt: Du musst wissen, wozu du in der Lage bist. Es ist völlig legitim, sich mit einem hochgesteckten Ziel zu motivieren. Doch die Show, die um ein Ziel herum stattfindet, ist oftmals hinderlich.

100

Vor dem ersten großen Wettkampf nach meinem Unfall erschien mir die Qualifikation für Vancouver als das höchste aller Ziele. Nach den insgesamt vier Siegen beim Weltcup in Norwegen war mir klar, dass das Motto »Dabei sein ist alles« meiner Leistungsfähigkeit nicht mehr entsprach. Nun traute ich mir zu, mindestens eine Goldmedaille zu gewinnen.

Ein zu hoher Erwartungsdruck hätte ein Scheitern vorprogrammiert. Mit der Einstellung, alle Rennen gewinnen zu wollen, wäre ich fünfmal das Risiko eingegangen zu versagen. Mit einer realistischen Einschätzung meiner Leistungsfähigkeit bekam ich hingegen fünfmal die Chance, mein Ziel zu erreichen. Hätte ich in das Erfolgslied mit eingestimmt und gesagt: »Ich will fünfmal Gold«, dann hätte es bei einem weniger guten Ergebnis von allen Seiten geheißen: »Na ja, ganz o.k., das waren schöne Spiele, aber du hast dein Ziel leider nicht erreicht.« Mit dieser Einstellung sind vier von fünf Medaillen nichts wert.

Das soll jetzt nicht heißen, man solle mit anderen Menschen nicht über die eigenen Ziele sprechen. Im Gegenteil, Kommunikation ist wichtig, denn sie schafft Verbindlichkeit. Ich habe auch über meine Ziele geredet, aber so, dass ich in der Lage war, den Erwartungsdruck der Anderen auszuhalten und die Konsequenzen zu tragen.

Bis Februar 2010 gewannen Thomas und ich insgesamt elf Rennen in der Saison: vier in Norwegen, vier in Frankreich und drei in Deutschland. Das vierte Rennen in Deutschland ließen wir aus, weil Thomas sich im Training die Schulter ausgekugelt hatte und sich einen Tag schonen musste. Am nächsten Tag dachte ich, er würde Schwierigkeiten haben, das Rennen zu fahren, aber er biss sich durch und lief mit einem »ganzen« und einem »halben« Arm, damit wir den Gesamtweltcup gewinnen konnten.

Diese Monate halfen mir, meine Wettkampfstrategie immer wieder zu üben: Mach lange Schritte, bleib ruhig, blende die Anderen aus und teil dir deine Kräfte gut ein. Kurz vor Vancouver war mir klar, dass ich nach dem monatelangen intensiven Training eine der besten paralympischen Langläuferinnen der Welt war. Ich wusste aber auch, dass die Konkurrenz nicht schläft. Das Ziel, einmal Gold zu holen, schuf die richtige Motivation für die bevorstehenden Spiele.

Risiken annehmen

Die Mitglieder eines Teams – ganz egal welcher Größe und in welchem Kontext – müssen, wenn das Team erfolgreich sein soll, einander schätzen und im Optimalfall auch mögen. Sie müssen sich gern und bereitwillig für die gemeinsamen Ziele engagieren und diese verinnerlichen. Im Wettkampf kämpft jeder Athlet für sich selbst und zugleich für die Mannschaft. Im Unternehmen arbeitet jeder Mitarbeiter für seinen Erfolg, der zugleich der Unternehmenserfolg ist. Jedes Teammitglied ist Experte auf einem bestimmten Gebiet. Ich beispielsweise kann Ski fahren, ich kann aber keine Ski präparieren, nicht massieren und auch keinen Trainingsplan für Langläufer schreiben. Das Geheimnis einer vertrauensvollen Teamarbeit liegt in dem Wissen, wer wann die Führung übernimmt und wer im »Windschatten« läuft. Jeder muss das Risiko eingehen, seine Kompetenz zu zeigen und damit die Verantwortung zu übernehmen. Das ist ein flexibles und vertrauensvolles Wechselspiel.

Für mich war die Arbeit im Team viele Jahre ein Selbstläufer, da mit meinen langjährigen Begleitläufern Ralf Schmidt und Franz Lankes die Rollen und die Kommunikation klar waren: Jeder wusste, wo seine Stärken lagen, und brachte sie dementsprechend ein. Nachdem die beiden aus beruflichen Gründen nicht mehr mit mir trainieren konnten, hatte ich zwischen 2006 und 2008 große Probleme, Begleitläufer zu finden. Fast drei Jahre lang machte ich mir täglich Gedanken, wer am nächsten Tag mit mir laufen würde. Immer wieder begleiteten mich unterschiedliche Leute – keine idealen Voraussetzungen für einen Spitzensportler. Ich kam mir vor wie eine verzweifelte Singlefrau, die 1000 Strategien ausprobiert, um sich Mr. Right zu angeln, nur dass ich keinen Partner fürs Leben suchte, sondern einen für die Loipe. Diese Zeit war echt hart. Einmal gab ich sogar in der *Süddeutschen Zeitung* ein Inserat auf. Nach dem Motto: »Blinde Biathletin sucht Begleitläufer«. Natürlich hat sich darauf keiner gemeldet, der dafür geeignet gewesen wäre.

2007, ein paar Tage vor dem Weltcup in Schweden, sagte mir eine Begleitläuferin aus heiterem Himmel ab, so dass ich mitten in der Saison keinen Schritt mehr auf der Loipe machen konnte. Also startete ich eine Telefonaktion und rief alle potenziellen Begleitläufer an: »Ich brauche ganz dringend jemanden, der mich nach Schweden begleitet und dort vier Rennen mit mir läuft.« Mir war klar, dass ich vor einer fast unmöglichen Aufgabe stand, weil ich einem Fremden, mit dem ich kein eingespieltes Team war, vertrauen musste. Schließlich meldete sich einer meiner Mannschaftskollegen und sagte: »Verena, ich habe jemanden, eine ganz nette junge Sportlerin, die mit dir laufen würde. Willst du das machen?«

Ich brauchte nicht lange über das Angebot nachzudenken, denn ohne Begleitläufer hätte ich den Weltcup von der Couch aus verfolgen müssen.

Ende Januar 2007 flog ich nach Schweden – zusammen mit meiner neuen Begleitläuferin, der ich am Münchner Flughafen zum ersten Mal in meinem Leben begegnete. Melanie war ein sehr nettes junges Mädchen von 16 Jahren, fit, schnell und gut trainiert, wie mein Freund mir erzählt hatte. Aber sie hatte keinen blassen Schimmer davon, was ein Begleitläufer leisten muss.

»Gar kein Problem«, versuchte ich sie zu beruhigen, »ich bring dir das schon bei. Mach dir keinen Stress, das ganze Vorhaben geht auf meine Kappe. Wenn wir im Wettkampf langsamer laufen müssen, dann ist das halt so. Wir kriegen das schon hin.« Da ich auf der Loipe noch nie schlechte Erfahrungen mit Begleitläufern gemacht hatte, war ich voller Optimismus und versuchte, ihr auf dem Flug bereits die wichtigsten Kommandos und Regeln einzubläuen: »Du musst ›Hopp‹ sagen, wenn es geradeaus geht. Du musst immer dicht vor mir bleiben. Lauf nie zu weit weg. Du musst einen Richtungswechsel spiegelverkehrt und mit der richtigen Uhrzeit ansagen, zum Beispiel ›links auf elf‹ oder ›rechts auf zehn‹.«

Einen Tag vor dem ersten Rennen besichtigten wir die Strecke. Am Schießstand erklärte ich ihr, was dort zu tun war: »Du nimmst mich am Arm und bringst mich zur Matte. Klopf drauf, damit ich weiß, wo ich mich hinlegen kann. Dann musst du weggehen, bis ich fertig bin. Sonst werden wir disqualifiziert, weil ein Begleitläufer beim Schießen nicht helfen darf.«

Das arme Mädchen muss völlig überfordert gewesen sein. Ich versuchte, ihr Mut zu machen, und war erleichtert, dass sie trotz der Informationsflut gut gelaunt blieb.

Normalerweise bin ich vor einem Wettkampf immer sehr nervös, wortkarg und in mich gekehrt, manchmal auch streng, genervt oder sogar bissig, wenn etwas nicht gut läuft. Meine Trainer und Mannschaftskollegen behaupten, ich hätte dann immer so ein Raubtiergesicht – kurz vor dem Sprung eben. Auch meine Begleitläufer haben mir oft gesagt, dass sie vor dem Rennen ziemlichen Respekt vor mir hätten, weil ich so aussähe, als würde ich meine Beute gleich erlegen. In Schweden war es genau umgekehrt, da gab ich mir richtig Mühe, meine Begleitläuferin zu entspannen und zu motivieren. Als das erste Rennen – drei Runden à 2,5 Kilometer – begann, dachte ich: ›Oh Gott, sie ist ja nervöser als ich. Aber das ist okay, das darf sie auch sein.‹ Irgendwie fühlte es sich sogar gut an, einmal die Starke und Erfahrene zu sein und die Führung zu übernehmen, zumindest mental. Meine bisherigen Begleitläufer, meist Männer, waren immer älter und routinierter gewesen als ich.

Nach etwa eineinhalb Kilometern kam ich in einer Kurve in einer leichten Abfahrt zu weit nach links von der Loipe ab, während Melanie etwa zehn Meter vor mir herfuhr. Ein erfahrener Begleitläufer hätte den Abstand sofort verkürzt und mich korrigiert, indem er ganz weit an den rechten Rand der Strecke gefahren wäre. Ich hätte seine Stimme gehört und wäre ihm gefolgt. Als eingespieltes Team sind der Begleitläufer und ich so etwas wie ein siamesischer Loipenzwilling; wir reagieren gewissermaßen als ein Organismus.

Melanie und mir fehlte diese Vertrautheit. Und so war ich zwei Sekunden später auch schon aus der Loipe raus in den Tiefschnee gefahren. Dort verfing ich mich mit der linken Hand im Ast eines Baumes, der am Streckenrand stand, und kam zu Fall. Ich rappelte mich, so schnell es ging, auf, um keine Zeit zu verlieren, und fuhr zurück Richtung Loipe. Von dort rief mir Melanie zu: »Hilfe, was ist denn passiert?«

»Alles o.k. Lass uns schnell weiterfahren«, beruhigte ich sie.

Doch bereits nach den ersten Metern merkte ich, dass ich Schmerzen in der linken Hand hatte. Deshalb hielt ich den linken Stock nur noch mit zwei Fingern fest und schob mit mich dem rechten an.

»Verena, es tut mir so leid.«

»Das passt schon, lauf einfach weiter«, sagte ich kurz angebunden, während ich den linken Stock ganz verkrampft hielt, weil die Schmerzen immer stärker wurden, und ich einhändig kaum mehr in Fahrt kam. Als wir in den Schießstand einliefen, sagte ich zu unserem Physiotherapeuten, der am Eingang wartete: »Mist, ich glaub, ich muss aussteigen, meine Hand tut so weh.«

»Tja, der Ringfinger ist total verdreht und das Gelenk ausgekugelt.« Kaum hatte er das gesagt, packte er auch schon den Finger und renkte ihn – rums – wieder ein. Mir wurde kurz mal richtig flau, und ich torkelte mit Melanie weiter zum Schießstand. Ich kann mich heute nicht mehr daran erinnern, wie ich überhaupt schießen konnte und ob ich etwas getroffen habe. Vor lauter Schmerzen bekam ich das nicht mehr mit.

Danach legte ich das Gewehr ab, zog die Stöcke an und lief noch etwa fünfhundert Meter weiter, dann ging es nicht mehr.

»Halt bitte an«, sagte ich zu Melanie, »wir müssen aufhören. Die Hand tut so höllisch weh, dass ich den Stock nicht mehr halten kann. Sonst bin ich so was wie eine doppelte Paralympionikin: die blinde ›Einarmerin‹.«

Melanie machte sich bitterliche Vorwürfe, weil sie dachte, sie hätte mich »geschrottet«.

»Vergiss es«, sagte ich ihr immer wieder, »ich wollte mit dir laufen, obwohl du noch nicht so viel Erfahrung hast. Das

Risiko lag zu 100 Prozent bei mir, weil ich mich für dich entschieden habe. Ich finde es super, dass du unter diesen Umständen überhaupt mitgemacht hast.«

In den folgenden Tagen blieb Melanie an meiner Seite, während mein ausgerenkter und zweifach angebrochener linker Ringfinger in einem schwedischen Krankenhaus behandelt wurde. Sie kümmerte sich liebevoll um mich und litt so unter ihrem schlechten Gewissen, dass ich ihr irgendwann sagte: »Mach mal einen Punkt. Es ist schon in Ordnung. Du kannst nichts dafür und auch nichts mehr an der Situation ändern. Du hast dein Bestes gegeben, also Schwamm drüber.«

Sie hat sich nicht nur verantwortungsvoll verhalten, sondern sie zeigte auch so viel Mitgefühl, dass es mir leichtfiel, sie zu trösten. Die Grundvoraussetzungen für unseren gemeinsamen Lauf waren einfach nicht die besten gewesen. Da wir keine Zeit gehabt hatten, um ausreichend zu trainieren und zusammenzuwachsen, hatte ich nicht darauf vertrauen können, dass wir als Team funktionieren.

Um Risiken eingehen zu können, muss man sie ein Stück weit überblicken können. Dazu braucht es Routine, Training, eine gute Kommunikation, Transparenz und Vertrauen. Da ich Melanie nicht gut kannte, hatte ich das Risiko nur schwer einschätzen können, wollte aber trotzdem unbedingt am Weltcup teilnehmen.

Im Grunde genommen war mir von Anfang an klar gewesen, dass unsere Chancen nur fifty-fifty standen. Das Rennen hätte gut verlaufen, aber eben auch in die Hose gehen können. Deswegen war der Schreck über das, was passiert war, nicht groß. Denn ich hatte das Risiko einkalkuliert. Ich (er)trug die Konsequenzen, weil ich mir meiner Verantwortung bewusst war.

Sich gegenseitig Fehlschüsse genehmigen

Wo gehobelt wird, fallen Späne, heißt es. Arbeiten viele Leute an einer Sache, lässt es sich nicht vermeiden, dass mal der eine oder andere Fehler passiert. Die Probleme entstehen oft deshalb, weil jeder im Team die Schwere eines Fehlers nach einem anderen Maßstab beurteilt. Verbocken wir selbst etwas, sagen wir gern mal: »Na, das war nicht so schlimm, das lässt sich problemlos ausbügeln.« Vor allem dann, wenn wir uns selbst darum kümmern können. Macht ein anderer einen Fehler, blasen wir das oftmals viel größer auf. Wir kategorisieren nach unserem persönlichen Maßstab und vergleichen den Fehler vielleicht sogar mit unseren eigenen. Dabei ist es nur begrenzt möglich, Fehler in ihrer Schwere zu vergleichen, denn jede Situation ist anders. Vermeiden lassen sich Fehler durch eine harte Beurteilung erst recht nicht. Einmal ganz abgesehen davon, dass das, was wir aus unseren Fehlern lernen, Gold wert ist.

Bis zum Jahr 2005 habe ich meine größten Erfolge im Biathlon in den 7,5-Kilometer-Rennen gefeiert, während ich auf den 12,5 Kilometern nie einen Titel gewonnen hatte. Ich war zu schlecht im Schießen und musste daher Strafrunden absolvieren. Auf einer kürzeren Strecke lässt sich dieses Handicap durchs Laufen ausgleichen, doch auf 12,5 Kilometern wird jeder Fehlschuss nicht mit einer Strafrunde, sondern mit einer Zeitstrafe von einer Minute geahndet. Bei 20 Schuss pro Rennen und meiner nicht konstanten Schießleistung war das Risiko, mir Zeitstrafen einzuhandeln, immer sehr groß. Nach der Hektik beim Laufen ruhig auf der Matte zu liegen, die Atmung zu kontrollieren, um zur Ruhe zu finden, und mich ausschließlich auf das Ziel zu konzentrieren – das war für mich immer eine große Herausforderung.

Im März 2005 bekam ich bei den Weltmeisterschaften in Fort Kent wieder einmal die Gelegenheit, an diesem Handicap zu arbeiten, denn das erste Rennen war der 12,5-Kilometer-Biathlon, also fünf Runden à 2,5 Kilometer und viermal Schießen. An einem wunderschönen Wintertag mit strahlend blauem Himmel und klirrender Kälte bei minus 10 Grad liefen mein Begleitläufer Franz Lankes und ich aus dem Stadion. Bereits nach der ersten Runde lagen wir sehr gut in der Zeit, auch beim Schießen saß jeder Treffer. Die zweite Runde lief ebenfalls optimal, wieder null Fehler beim Schießen. In der dritten Runde lagen wir vorn, nur ein Fehlschuss. In der vierten Runde erhöhten wir das Tempo, im Schießstand erneut null Fehler. Auf dem Weg in die fünfte Runde dachte ich: ›Wow, was für eine Bilanz: 19 Treffer, nur eine Minute Zeitstrafe.‹

Mein Trainer hatte uns bereits nach dem Schießstand vom Streckenrand aus zugerufen, dass wir auf Siegerkurs lagen. Also lief ich in der Schlussrunde zum Ziel grinsend hinter Franz her, der jauchzte: »Verena, auf gäd's, heid samma guad dabei!«

Als wir ins Stadion kamen, sagte er auf einmal: »So, jezad gäd's zum letzten Moi in Richtung Schießstand.«

»Nein«, rief ich ihm zu, »wir sind fertig, wir haben schon fünf Runden.«

Zu dem Zeitpunkt waren wir aber leider schon am Zieleinlauf vorbeigefahren und ein paar Meter auf der Spur in Richtung Schießstand unterwegs.

»Scheiße, du hast recht. Stopp!«, schrie er und bremste abrupt ab, als er den Fehler bemerkte.

Kurz darauf hörte ich ein komisches Geräusch, so als würde jemand etwas hochheben, dann sagte er: »Jezad gäd's links auf neun.« Ich folgte ihm ein paar Sekunden verwundert durch den Tiefschnee. ›Franz, was machst du da gerade?‹, dachte ich, doch gleich darauf hatte ich schon wieder die Spur unter den Skiern. Wir schoben noch fünfmal kräftig an, und dann ertönte auch schon das vertraute »Piep« des Zeitmessers. Wir waren durchs Ziel gefahren. Ich zog Stöcke und die Ski aus und umarmte Franz: »Danke, danke! Das ist das erste Mal, dass wir den 12,5-er gewonnen haben. Wie cool ist das denn?«

»Mei Verena, heid hat ois passt. Du hast a so guad gschossen.«

Mitten im Freudentaumel hörte ich, wie ein paar meiner Mannschaftskollegen völlig hektisch und außer Atem auf uns zuliefen. Doch statt zu gratulieren informierten sie uns, dass man mich disqualifizieren wolle. Die Trainer von zwei Konkurrentinnen hatten Protest gegen den Sieg eingelegt.

»Nein, das kann nicht sein. Ich hab doch alles richtig gemacht«, rief ich völlig irritiert. Aber kurz darauf dämmerte mir, was passiert war. Franz hatte, statt umzudrehen und die wenigen Meter Richtung Zielstrecke zurückzufahren, ein Element des Absperrzauns beiseitegestellt. Dann waren wir ein paar Meter quer über den Zwischenstreifen auf die richtige Loipe gefahren. Deshalb auch der Tiefschnee. Und das, obwohl wir uns angesichts des zeitlichen Vorsprungs und der 19 Treffer den kleinen Umweg zurück locker hätten leisten können.

»Aber … aber die können mir doch ein paar Strafpunkte geben …«, rief ich verzweifelt.

Mein Trainer ging zur Wettkampfleitung und legte Einspruch gegen den Protest ein. Daraufhin prüfte die Wettkampfleitung die Regularien und nahm eine genaue Messung unserer »Quergängerstrecke« vor. Dabei stellte sich heraus, dass ein Biathlet die originäre Strecke maximal fünf Meter verlassen darf. Bei mir waren es acht Meter gewesen.

Eine halbe Stunde nach dem Wettkampf war ich wegen drei Metern Differenz disqualifiziert.

Ich war fassungslos. Gerade hatte ich zum allerersten Mal in meiner Laufbahn den 12,5-Kilometer-Biathlon gewonnen, und nun wurde ich disqualifiziert – wegen eines Formfehlers, der angesichts des zeitlichen Vorsprungs gegenüber meinen Konkurrentinnen völlig irrelevant war.

Franz war fertig mit den Nerven: »Verena, des tut mir so leid. I woas ned, was i sagn soll.«

Ich antwortete nur kurz angebunden: »Ja, mir tut das auch leid, danke.«

Er entschuldigte sich x-mal, aber ich zeigte ihm nur die kalte Schulter. ›Wenn der jetzt noch einen Ton sagt‹, dachte ich, ›dann geh ich hier entweder in die Luft oder steck ihn mit dem Kopf in den Schnee.‹

Um mich zu beruhigen, fuhr ich mit ein paar Kollegen zurück ins Hotel.

»Wie kann man so dämlich sein?«, ärgerte ich mich während der Fahrt immer wieder, »der Franz ist so ein Idiot. Das gibt's doch nicht. Der kann ja nicht mal zählen. Es war doch klar, dass wir nicht mehr in den Schießstand mussten ...« Ich war auf 180, ach das reicht gar nicht. Den ganzen Nachmittag verkroch ich mich in meinem Zimmer und ging in Gedanken mit dem armen Franz hart ins Gericht. Abends nahm ich kurz an der täglichen Mannschaftsbesprechung teil und konnte mich auch nur mäßig über die Erfolge meiner Teamkollegen freuen.

Kurz bevor ich ins Bett gehen wollte, klopfte es an meiner Tür und jemand rief meinen Namen: Es war Franz. Da mit mir nach wie vor nicht gut Kirschen essen war, machte ich erst gar nicht auf, so dass er unverrichteter Dinge abziehen musste. Ich kann mir nicht vorstellen, dass Franz in dieser Nacht gut geschlafen hat. Er hat sich bestimmt große Vorwürfe gemacht, und ich, statt mich mit ihm auszusprechen, verhielt mich wie eine beleidigte Leberwurst.

Irgendwann im nächtlichen Ärgern und Grübeln ging mir auf, wie mies das war, was ich hier gerade abzog. Wie oft hatte mir Franz dabei zugeschaut, wie ich danebenschoss. Zwei Jahre zuvor war es genau umgekehrt gewesen: Bei der Weltmeisterschaft in Deutschland hatten wir uns vorgenommen, das erste Rennen, den 12,5-Kilometer-Biathlon, zu gewinnen. Das war gewissermaßen ein Heimspiel gewesen, meine Eltern, viele Freunde und sogar das Fernsehen waren da. Und was machte ich Idiot: Ich vermasselte fünf von zwanzig Schüssen. Ich wurde Zweite, was immer noch ein guter Platz ist (aber eben auch der erste Verlierer!). Mir hatte das so leidgetan, dass ich mich nachher bei Franz entschuldigte: »Sorry, du hast echt alles gegeben, meine Skier super gewachst, mich richtig gut geführt ... und ich hab es dermaßen versaut.«

Franz war als Biathlet ein sehr guter Schütze und hat mir viel beigebracht. Wenn er jedes Mal aufgehört hätte, mit mir zu sprechen oder mir gesagt hätte, was für ein Loser ich sei, dann hätte ich ihm nicht mehr folgen können – und wäre nie ans Ziel gekommen. Aber kaum machte er in all den Jahren unserer Zusammenarbeit einen einzigen Fehler, flippte ich komplett aus. Ich kann jetzt leider nicht behaupten, ich sei am nächsten Tag heroisch auf ihn zugegangen, um mich mit ihm zu versöhnen. Und Franz hielt ebenfalls einen Sicherheitsabstand, obwohl er normalerweise derjenige war, der mit einem »Des müss' mer ausreden, Verena« das Gespräch suchte, wenn etwas zwischen uns in der Luft lag. Es dauerte fast bis zum Ende der Weltmeisterschaft, bis ich sagen konnte: »Hey, Alter, das tut mir echt leid.«

Warum ich das nicht eher hinbekam? Weil ich viel zu lange nur meine eigene Seite sah, nur die Ungerechtigkeit, die mir selbst widerfahren war.

Heute weiß ich: Mein Umgang mit der Situation und mit Franz war falsch.

Ich habe uns beide nicht als Team begriffen, sondern bei meiner Beurteilung der Situation einen unterschiedlichen Maßstab angesetzt: Mir selbst genehmigte ich ständig Fehlschüsse, ihm aber im übertragenen Sinn nicht. Durch wie viele Strafrunden war Franz mit mir in so vielen Wettkämpfen getrabt – 150 Meter zusätzlich pro Fehlschuss! –, weil ich danebengeschossen hatte …

Aus dieser Situation habe ich viel gelernt: Erstens wurde mir klar, dass man die eigenen Fehler und die der Anderen nicht mit einem unterschiedlichen Maßstab bewerten darf. Und zweitens habe ich erkannt, dass man sich selbst und anderen viel Ärger und Frust erspart, wenn man einen konstruktiven Weg sucht, um ein Problem aus der Welt zu schaffen. Ich konnte damals in Fort Kent die Dimension des Fehlers nicht in einen Zusammenhang bringen mit dem Gesamtkonstrukt »Verena-Franz« und habe nicht erkannt, wie nichtig der Fehler im Verhältnis zu unserer jahrelangen guten Teamarbeit war. Wir waren bis dahin sehr erfolgreich und auch danach. Es gab also keinen Grund, die gute und von Vertrauen geprägte Zusammenarbeit in Frage zu stellen.

Vor kurzem habe ich mir einen Kundentermin falsch eingetragen. Das hatte zur Folge, dass ich an zwei Veranstaltungen an einem Tag hätte teilnehmen müssen – rein logistisch nicht machbar, weil die Veranstaltungsorte zu weit auseinanderlagen und die Distanz weder mit dem Zug noch mit dem schnellsten Auto der Welt innerhalb von zwei Stunden zu bewältigen gewesen wäre. Mein Fehler! Leider! Ich hatte den einen Termin im falschen Monat notiert, einem anderen Kunden mit den Worten »Ja klar, ich komme sehr gern zu Ihnen« zugesagt und den Termin an der vermeintlich freien Stelle im Kalender eingetragen.

Es hilft nichts, ich hatte nicht aufgepasst.

Zwei Tage vor dem Termin, den ich falsch notiert hatte, rief die Veranstalterin an und sagte: »Ach, Frau Bentele, wir freuen uns schon, wenn Sie übermorgen zu uns kommen.«

»Nein«, entgegnete ich, »da täuschen Sie sich. Ich komme doch erst am 11. November zu Ihnen.«

»Frau Bentele, machen Sie mich nicht schwach. Wir sind am 11. Oktober verabredet.«

Auf einmal stand ich vor dem Problem, mich zwischen zwei Kunden entscheiden zu müssen. Wem sollte ich jetzt gerecht werden? Ich beschloss, beide Veranstalter zu fragen, wie weit sie mit den Vorbereitungen seien, und danach zu entscheiden, wem ich nicht mehr absagen konnte. Außerdem bot ich dem Veranstalter, dem ich absagte, an, für eventuelle Kosten aufzukommen, die durch meinen Fehler entstanden waren. Auch wenn ich eine vernünftige Lösung gefunden habe, war mir das alles schrecklich unangenehm. Glücklicherweise konnte ich die zweite Veranstaltung nachholen, weil mir die Organisatorin mit viel Flexibilität und Nachsicht entgegenkam.

Fehler sind menschlich – und lassen sich daher nicht immer vermeiden. Dennoch hat es bei Franz und mir eine Weile gedauert, bis die Gelassenheit in unser Verhältnis zurückgekehrt ist. Mein ablehnendes Verhalten hat bestimmt auch bei ihm einen Bruch im Vertrauen bewirkt. Das wieder hinzukriegen hat lange gedauert. Und ich hatte es mir selbst zu-

zuschreiben. Wäre ich gelassener und großzügiger gewesen und hätte ein paar Stunden nach der Disqualifikation seinen Fehler in einen Gesamtzusammenhang gestellt, hätte ich sagen können: »Mensch, Franz, das ist jetzt schade! Dass wir disqualifiziert worden sind, ist für uns beide ärgerlich. Ich hätte dieses Rennen so furchtbar gern endlich mal gewonnen, deshalb bin ich gerade echt enttäuscht. Aber ich weiß, dass du dich auch ärgerst. Schwamm drüber, wir holen uns das Gold beim nächsten 12,5er-Rennen in Turin.«

Tatsächlich haben wir 2006 bei den Paralympics in Turin zwei Goldmedaillen geholt, jedoch keine davon im 12,5-Kilometer-Rennen. Da gewannen wir »nur« eine Bronzemedaille. Und warum? Weil ich mir ein paar Fehlschüsse zu viel genehmigte.

Reflektieren statt bewerten

Bei meinen Vorträgen werde ich oft gefragt, warum ich mir als Blinde ausgerechnet Biathlon und Langlauf als Sportarten ausgesucht habe. Schließlich gibt es ja viel sicherere und einfachere Formen der Bewegung. Ich hätte zum Beispiel Langstreckenlauf machen können. Dabei ist man mit seinem Begleitläufer durch ein Seil verbunden. Die einzige Gefahr, die beim Laufen lauert, ist, umzuknicken oder zu stolpern, aber man stürzt in der Regel keinen Abhang hinunter. Ich habe mich für Langlauf entschieden, weil ich so viel Spaß an der Vielfalt habe, die dieser Sport bietet und erfordert. Ich kann klassisch oder Freistil laufen, und das Training bringt jede Menge Abwechslung mit sich: Fahrradfahren, Laufen, Krafttraining, im Sommer mit Skirollern unterwegs sein. Es war mir immer wichtig, ganz unterschiedliche Bewegungserfahrungen zu machen und meinen Körper ganzheitlich zu fordern. Außerdem liebe ich die Abwechslung zwischen der Anstrengung beim Laufen und der Ruhe beim Schießen. Ich komme mit einem Puls von 160 am Schießstand an und muss mich in Sekundenschnelle beruhigen. Auf der Matte habe ich mich komplett auf das Ziel zu fokussieren und darf mich nicht vom Lärm um mich herum ablenken lassen. Das Allerwichtigste aber ist die Begeisterung, die ich immer für diesen Sport empfunden habe. Sie hat mich erfolgreich gemacht.

Die Lust auf Geschwindigkeit und die Freude am Wintersport war bei mir immer größer als die Angst vor den Risiken, die man als blinde Athletin auf der Loipe eingeht. Außerdem ließen Konzentration auf die komplexen Techniken und die Glücksgefühle bei den Wettkämpfen keinen Raum, um zu grübeln oder an mögliche Gefahren zu denken. Risikobereitschaft hat mit Leidenschaft und Verantwortung zu tun. Die Kernfrage lautet für mich: Wie viel Verantwortung bin ich bereit zu übernehmen, um meine Ziele zu erreichen? Damit wäge ich zugleich ab, inwieweit ich mögliche Risiken tragen kann und möchte.

Dasselbe gilt auch für einen Begleitläufer. Es braucht jede Menge Mut, sich auf das Risiko einzulassen, die Führung für einen Blinden zu übernehmen.

Die Aufgabe des Begleitläufers besteht nicht darin, mir die Gegend wie bei einem Ausflug zu beschreiben: »Ach, rechts stehen jetzt ein paar wunderschöne große Tannen. Oh, links geht es drei Meter einen Abhang hinunter, da könnte man sich aber ganz schön wehtun.« So etwas sagt ein Begleitläufer nicht. Er konzentriert sich auf die unmittelbaren Hindernisse der Strecke, die ihm gefährlich erscheinen. Es gibt viele brenzlige Situationen im Training wie im Wettkampf: eine schmale

Spur, die zwischen zwei Bäumen hindurchführt; Läufer, die einem mit hoher Geschwindigkeit entgegenkommen; steile Abfahrten; kaputte oder holprige Spuren und Bodenwellen; schmale Tunnel etc. Der Begleitläufer dreht sich in kurzen, regelmäßigen Abständen um, um mich sicher über die Loipe zu manövrieren. Um alles aus meiner Perspektive zu beschreiben, macht er seine Ansagen spiegelverkehrt. Das ist ein Multitasking-Job: Mein Vordermann konzentriert sich auf seine Fahrt, auf die Hindernisse und auf meine Fahrt – und das alles in rasantem Tempo. In dieser Belastungssituation können leicht Fehler passieren.

Deshalb habe ich auch auf Walter, den Begleitläufer, mit dem in Nesselwang der Unfall passierte, keine Wut. Er hat diese Verantwortung auf sich genommen und mich darin unterstützt, meine Ziele zu erreichen. Wäre ich in weichen Neuschnee gefallen statt in ein hartes Bachbett, hätte ich zu ihm gesagt: »Da müssen wir aber beim Rennen besser aufpassen.«

Als ich nach dem Krankenhaus wieder zu Hause war, besuchte er mich, um mir meine Skisachen zu bringen. Das war eine sehr seltsame Begegnung, weil ich den Eindruck hatte, dass er über das, was passiert war, nicht reden konnte. Unser Dialog blieb jenseits organisatorischer Fragen mehr als dünn. Ich hatte nicht erwartet, dass er sich wortreich entschuldigen würde, weil ich ihn für das Geschehene nicht verantwortlich machte. Dennoch war ich enttäuscht, weil es mir ein Bedürfnis gewesen wäre, darüber zu sprechen. Vielleicht lag die kühle Atmosphäre zwischen uns ja auch an mir, denn ich war bestimmt nicht übermäßig freundlich und aufgeschlossen. Meine Mutter sagte mir später einmal, ich sei nach dem Unfall wochenlang richtig unglücklich und verbittert gewesen. Und das stimmt! Ich hatte über einen langen Zeitraum starke

Schmerzen und konnte mich kaum bewegen. Die Rennsaison war gelaufen. Ich konnte keinen Sport mehr machen und wusste auch nicht, wie und ob das jemals wieder funktionieren würde. Selbst die Uni musste ich ausfallen lassen, da ich mit meinen geschienten Händen keinen Computer bedienen konnte. Die meiste Zeit lag ich einfach untätig herum – für einen Bewegungsjunkie wie mich die Hölle. Deshalb war ich nicht in der Lage, Walter emotional entgegenzukommen.

Als er gegangen war, brach ich in Tränen aus, weil ich so wütend und verletzt war. Ich wusste ja, dass jeder Mensch die Verantwortung für sein Handeln selber trägt. Ich hatte mich auf diesen Sport und auf die Führung durch einen Begleitläufer eingelassen. Damit war ich auch das Risiko eingegangen, dass so etwas passiert.

Doch erst in dem Moment, als ich mich auf meine eigene Verantwortung bei diesem Unfall konzentrierte, gelang es mir, das Geschehene anzunehmen. So kam ich wieder mit mir selbst ins Reine und konnte nach vorn blicken. Dieser Unfall ist zu einem Schlüsselereignis in meinem Leben geworden, weil ich dadurch einen enormen Entwicklungsschritt gemacht habe. Auch wenn ich gern noch meine Niere hätte und auf die Erinnerung an die Schmerzen und den Frust verzichten könnte – danach sind viele schöne, wertvolle erkenntnisreiche Dinge passiert. Dieser Unfall, so schmerzhaft er auch war, hat eine Kette von positiven Ereignissen in meinem Leben ausgelöst, für die ich heute dankbar bin.

Haltezone 3
Verantwortung trainieren

A Die drei G-Punkte

Wenn alles gut läuft, macht sich das Unperfekte nicht bemerkbar, weil du kleine Fehler gar nicht wahrnimmst. Manchmal lassen die kleinen Fehler den Erfolg in der eigenen Wahrnehmung sogar noch größer erscheinen. Dann kann man sich mit einem Schulterklopfen aufbauen und sagen: »Weißt du noch, dieses Projekt war so schwierig. Wir hatten den Kunden so weit, dass er unsere Druckerei nimmt, und dann hatten wir überhaupt nicht die richtigen Geräte, um die großen Werbeplakate zu produzieren. Also sind wir nachts von München nach Düsseldorf gefahren, um das richtige Gerät auszuleihen. Erst einen Tag vor Termin hatten wir alles beisammen und haben den Auftrag dann innerhalb von 24 Stunden fertiggestellt.« Wenn alles klappt, fühlen sich Handicaps nach Abenteuer und Pioniergeist an. Aber sobald etwas schiefläuft, wird jemand gesucht, der die Verantwortung für den Fehler trägt.

Die Basis eines vertrauensvollen Teams – in der Arbeit, in der Familie, in der Beziehung – ist die Selbstverantwortung. Es ist viel wichtiger, den eigenen Umgang mit Fehlern zu prüfen und die eigene Reaktion darauf zu beobachten, als über andere zu urteilen. Warum reagiere ich gerade so heftig? Was steckt hinter dem Ärger, der Wut oder der Angst, die sich in mir breitmachen?

Auch ein gemeinsamer Maßstab für die Beurteilung von Fehlern ist, wie schon erwähnt, entscheidend für das Funktionieren jedes Teams. Wenn ein Anderer einen Fehler macht, hilft es, diesen in Relation zum Ganzen zu setzen, um großzügig und gelassen agieren zu können. Strengt sich jemand an und macht viele Sachen sehr gut, wäre es doch anmaßend, ihn zu verurteilen und ihm vielleicht sogar die Kommunikation zu verweigern, nur weil ihm auch mal ein Fehler unterläuft. Wer sorgfältig und konstruktiv kritisieren will, sollte die drei G-Punkte beachten:

Großzügigkeit
Den anderen in der Fehlersituation auffangen und auf ihn eingehen. Schlüsselfrage: Wie möchtest du, dass andere mit dir umgehen, wenn du einen Fehler machst?

Gelassenheit
Sich nicht von Emotionen leiten lassen, sondern ruhig und überlegt auftreten und handeln. Schlüsselfrage: Was ist jetzt zu tun?

Gesamtzusammenhang
Die Fehler des anderen im Kontext der bisherigen Teamarbeit reflektieren. Schlüsselfrage: Was macht unsere Zusammenarbeit wertvoll?

B Der Risiko-Check

Die Selbstreflexion ist ein ganz wichtiger Punkt bei der Analyse von Risiken: Du musst dein Risiko von allen Seiten beleuchten und entscheiden, ob deine Schultern breit genug sind, um es zu tragen. Sonst werden Hindernisse schnell zu einer unüberwindlichen Wand, die Unsicherheit und Angst auslöst. Die Folge: Du siehst die Mittel und Wege nicht mehr, um die Hürden zu überwinden. Wer einfach loslegt, holt sich ganz leicht eine blutige Nase und bekommt die »Bestätigung«, warum er lieber in seiner komfortablen Sicherheitszone hätte bleiben sollen. Dabei kann es richtig viel Spaß machen, ein Hindernis aus unterschiedlichen Perspektiven zu betrachten und das Überspringen zu trainieren.

Das Leben ist wie ein Hindernisparcours. Kenne ich den Weg gut, kann ich um die Hürden herumlaufen. Habe ich genug Kraft, kann ich Hindernisse mit Leichtigkeit überwinden oder nach einem Zusammenstoß schnell wieder aufstehen. Das frühzeitige und stressfreie Durchspielen des Weges zum Ziel macht Unwägbarkeiten konkret vorstellbar. Je besser der Überblick über mögliche Hindernisse, desto gezielter kann ich Maßnahmen zur erfolgreichen Bewältigung des Parcours treffen. Mit diesem Risiko-Check kannst du herausfinden, wo du gerade stehst; innerhalb welcher Grenzen du dich bewegst und welche Chancen und Risiken deinen Weg kreuzen können. Außerdem kannst du frühzeitig klären: Komme ich allein durch, oder brauche ich an manchen Stellen einen Begleitläufer?

Und so funktioniert's: Nimm dir ein Blatt Papier, und markiere darauf den Start- und den Zielpunkt eines Vorhabens, das du gern umsetzen möchtest. Verbinde beide Punkte mit einer Linie. Das ist dein Parcours. Auf dieser Strecke markierst du mit einem X, wo Probleme (= Hindernisse) auftreten können. Anschließend planst du in Stichworten, wie du die Hindernisse umgehen, überspringen oder aus dem Weg räumen kannst. Auf der nächsten Seite findest du ein Beispiel für einen möglichen Parcours.

Wenn du kein Wagnis eingehst oder nicht bereit bist, aus Fehlern zu lernen, lernst du auch nicht, Risiken zu minimieren oder zu vermeiden. Das gilt für das Unternehmen, das ein neues Produkt auf den Markt bringt, genauso wie für den Sportler, der einen Weltrekord knacken möchte, oder den Modeschöpfer, der eine bahnbrechende Kollektion entwerfen will. Sie alle müssen die Dinge selber ausprobieren, um sich zu entwickeln, und sie alle laufen Gefahr, dass mal was danebengeht. Indem du die einzelnen Schritte antizipierst, übernimmst du Verantwortung für dein Handeln.

Ziel: Eine Zusatzausbildung machen, um meine beruflichen Möglichkeiten zu verbessern (zum Beispiel, um von der Marketingabteilung meiner Firma ins Personalwesen wechseln zu können).

Hindernis 3: Wie kann ich die Fortbildung finanzieren?
⇨ *Möglichkeit*: Private Mittel checken und mit dem Arbeitgeber klären, ob er die Kosten teilweise oder ganz übernimmt.

Hindernis 2: Wie kann ich mir neben Job und Familie Freiräume für die Fortbildung schaffen?
⇨ *Möglichkeit*: Mit dem Arbeitgeber und der Familie sprechen und einen Zeitplan erstellen.

Hindernis 1: Welche Fortbildung ist die richtige? Wohin will ich mich entwickeln?
⇨ *Möglichkeit*: Ein Coaching buchen und Informationen zu berufsbildenden Maßnahmen einholen.

Start: Ich fühle mich am Arbeitsplatz unterfordert und bin unzufrieden mit meinen derzeitigen Aufgaben.

C Vertrauensfragen

Nicht vergessen: Sich trauen – darum geht es bei der Beantwortung der Vertrauensfragen. Sie dienen dir als Starthilfe, um Veränderungen aktiv begegnen zu können. Geh das Wagnis ein, nach innen zu schauen und ehrlich zu antworten. Denn nur du selbst kannst die Kontrollinstanz auf deinem Weg zum Ziel sein. Nur du selbst kannst deine Grenzen verschieben:

- Woran merkst du, wenn du vertrauen kannst?
- Welche Verantwortung musst du übernehmen, um deine Ziele zu realisieren?
- In welchen Situationen bist du bereit, Risiken einzugehen?
- Wie verhältst du dich, wenn du vor einem Hindernis stehst?
- Was machst du, wenn dir ein Fehler passiert?
- Was tust du, um Fehlschüsse zu vermeiden?
- Wie gehst du damit um, wenn andere dich kritisieren?
- Wen bittest du um Hilfe, wenn du nicht mehr weiterweißt?
- Wie beurteilst du die Fähigkeiten anderer, wenn sie »danebenschießen«?

IV. Gemeinsam Grenzen verschieben

8. März 2010.
Paralympische Spiele.
Vancouver, Kanada.

Fünf Tage vor Beginn der Paralympics kamen wir in Vancouver an. Müde von dem langen Flug saßen Thomas und ich im Bus, der uns ins olympische Dorf in Whistler brachte. Während der Fahrt beschrieb mir Thomas die Landschaft: »Mensch, wie toll wäre es, hier zu wohnen. Jetzt fahren wir gerade an der Küste entlang, und linkerhand ist das Meer zu sehen. Rechts von der Straße liegen Wälder, und gleich geht's in die Berge … « Ich liebte das Flair dieser Gegend, wo Wasser und Schnee so nah beieinander lagen. Diese Vorstellung war wunderschön, auch wenn ich das alles selbst nicht sehen konnte.

Als wir am nächsten Tag die Rennstrecke besichtigten, bestätigte sich, was ich dem Rhythmus des Laufbandes zufolge vermutet hatte: Das Streckenprofil lag mir. Statt vieler flacher Passagen gab es mehrere lange Anstiege und Abfahrten, auf denen ich meine Kraft ausfahren und dank meines Koordinationstrainings viele Meter auf einem Bein gleiten konnte. Die hervorragende Gleitfähigkeit des kanadischen Schnees begünstigte meine gute Laune. Für mich stand fest: Hier geht was!

Zwei Tage nach unserer Ankunft kam fast meine gesamte »Sippe«: meine Mutter, mein Vater, mein Bruder Michael, eine Tante, ein paar gute Freunde und ein Sponsor aus meinem Heimatort, der mich überraschen wollte. Ich sah sie zwar kaum, aber trotzdem machte das Wissen um ihre Anwesenheit diese Paralympics gewissermaßen zu einem Heimspiel. ›Wenn mir hier jemand oder etwas im Weg steht‹, dachte ich, ›dann bin ich das selbst.‹

In der Vergangenheit war ich oft genug sehr schnell gelaufen, hatte aber immer wieder danebengeschossen. Und genau das war auch der Fall im ersten Rennen, dem Biathlon-Sprint. Weil ich so nervös war, kam ich schon im Vorlauf auf drei Fehlschüsse. Während meiner gesamten Laufbahn hatte ich immer starkes Lampenfieber. Deshalb gelang es mir im ersten Rennen einfach nicht, entspannt zu sagen: »Jetzt schauen wir mal, was passiert.« Ich wollte mit jeder Faser meines Körpers gewinnen. Die Strafrunden, die ich aufgrund der Fehlschüsse bekam, machte ich im Verlauf des Rennens mit einem rasanten Tempo wieder wett. Ich gewann das Rennen und damit mein erstes Gold.

Zwei Tage später fand das zweite Rennen statt. Auf 15 Kilometern Freistil kam ich zur Ruhe, weil ich auf der langen Strecke meine Kraft und meine Technik ausspielen konnte. Schon während des Rennens rief mir Werner vom Streckenrand aus zu: »Verena, teil dir deine Kraft gut ein, du führst.«

Dieses Rennen konnte ich richtig genießen und gewann die zweite Goldmedaille.

Am übernächsten Tag war ich im dritten Wettkampf, dem 12,5-Kilometer-Biathlon, wieder völlig neben der Spur, weil ich wusste, dass ich auf insgesamt fünf Runden zwanzig Mal die Gelegenheit hatte, danebenzuschießen.

»Du läufst super! Im Moment liegst du ganz vorn!«, rief mir Werner vor dem Schießstand zu. Trotzdem konnte ich mich nicht entspannen.

Am Schießstand lief es suboptimal an, zwei Fehlschüsse nach der ersten Runde. ›Mein Gott‹, ging es mir durch den Kopf, ›wenn das so weitergeht, dann potenziert sich das auf acht Fehlschüsse.‹

»Verena, jetzt entspann dich mal und bleib ruhig!«, befahl Thomas, als ich aus dem Schießstand kam.

In der zweiten Runde erhöhte ich das Tempo und erreichte den Schießstand mit ziemlich hohem Puls. Werner gab mir die Info mit: »Du bist gerade auf Platz 3.«

Diesmal schoss ich einmal daneben. Das bedeutete, dass auf meine Laufzeit insgesamt drei Minuten Strafzeit addiert wurden.

»Platz fünf«, rief mir Werner beim Rausfahren zu.

›O.k., ich muss Gas geben‹, dachte ich. Als wir wieder auf der Loipe waren, sagte ich zu Thomas: »Nur einen Satz: Was soll ich machen?«

Heute bin ich froh, dass es mir gelang, ihn in dem Moment um Hilfe zu bitten. Weil sich meine Gedanken nur noch im Kreis drehten, wäre ich allein nicht weitergekommen.

»Du musst vorm Schießstand viel langsamer laufen, damit du nicht so außer Atem ankommst. Und versuch, in einem Rhythmus zu schießen. Warte nicht zu lang, atme zweimal kurz durch und drück dann ab.«

Er hatte recht! Ich setzte mich so unter Druck, dass ich vor lauter Aufregung die Luft anhielt und meine Arme während des Schießens zitterten.

Ich befolgte seinen Rat und lief in der dritten Runde bis kurz vor dem Schießstand zügig. Auf den letzten Metern reduzierte ich das Tempo, um meine Atmung in den Griff zu be-

kommen, bis ich auf der Matte lag: Zweimal atmen, schießen, zweimal atmen, schießen ... Kein Fehler! Jaaaaa!

»Ihr seid wieder im Spiel, Platz 2«, kommentierte Werner, als wir auf die Rennstrecke zurückfuhren.

Die vierte Runde das gleiche Spiel bis kurz vor dem Schieß-stand: rennen, rennen, rennen und rechtzeitig langsamer werden, um Luft zu holen. Und dann kam die Stunde der Verena B.: Als ich nach fünf Treffern von der Matte aufstand, wusste ich, dass ich das Rennen in der Tasche hatte.

»O. k., ihr seid durch. Ihr habt gewonnen! Und zwar mit richtig ordentlichem Vorsprung! Jetzt auf der letzten Runde sicher heimkommen«, bestätigte Werner.

Kurz vor dem Zieleinlauf stand Hochwasser unter meiner Skibrille. Unter Tränen rief ich: »Thomas, das war's, das war's! Wir haben es geschafft.« Ich weiß, dass man das nicht tun sollte, so lange das Rennen noch nicht vorbei ist, aber ich konnte einfach nicht anders, weil ich so happy war. Während meiner gesamten Laufbahn hatte ich immer wieder mal aus Wut vor dem Überqueren der Ziellinie geheult – aber noch nie vor Glück!

Ich lief die Finalrunde »heim«, natürlich immer noch ordentlich schnell, weil ich voller Adrenalin war. Im Ziel schmiss ich die Stöcke weg, riss mir die Brille runter und warf mich Thomas schluchzend an den Hals.

Alle Wettkämpfe in Vancouver hatten ihren Reiz. Und sportlich gesehen war das zweite Rennen mein bestes, denn auf 15 Kilometern Freistil konnte ich im wahrsten Sinne des Wortes so richtig »die Sau rauslassen«. Aber der Sieg auf den vermaledeiten 12,5 Kilometern mit viermal Schießen war für mich persönlich der emotionalste, weil ich mir so sehr gewünscht hatte, die schier unüberwindliche Hürde endlich zu überwinden. Wenn ich heute gefragt werde, welche Goldme-

daille die schönste sei, dann antworte ich immer: »Ich kann mich nur schwer entscheiden, aber wenn ich müsste, dann die 12,5 Kilometer Biathlon.«

»So«, sagte ich am nächsten Tag zu Thomas, »gestern hatte ich meinen Spaß, da wollte ich unbedingt gewinnen. Heute bist du dran. Die fünf Kilometer klassisch laufe ich für dich. Schließlich ist das deine Lieblingsdisziplin.«

Zwei Runden à 2,5 Kilometer klassisch verlangten von mir, technisch gut zu laufen. Meine Ski waren hervorragend gewachst, sie hatten auf der Ebene eine gute Gleitfähigkeit und hielten auch am Berg. Würde beim Rennen etwas schieflaufen, läge das nicht am Material, sondern an der Athletin.

In der ersten Runde kam gegen Ende am höchsten Punkt der Strecke eine Abfahrt, in die Thomas ziemlich schnell reinfuhr. Ich folgte etwas zögerlicher, so dass sich unser Abstand vergrößerte. Als Thomas merkte, dass wir zu weit auseinander waren, bremste er. Im gleichen Moment wollte ich aufschließen, schob kräftig an und fuhr ihm mit voller Wucht ins Kreuz. Er kam ins Stolpern, fing sich aber wieder. Ich fiel hin. Zum Glück war keinem von uns etwas passiert. Es hieß nur: aufstehen, abschütteln, weiterfahren. Ärgerlich war jedoch, dass wir den Schwung aus der Abfahrt verloren hatten. So schnell es ging, fuhren wir durchs Stadion und starteten in die zweite Runde. Diesmal ging die Abfahrt gut, und wir konnten die verlorenen Sekunden aufholen. Als ich in Richtung Ziel fuhr, hörte ich, wie ein Trainer der österreichischen Mannschaft sagte: »Boah, ich habe selten einen Blinden so gut klassisch laufen sehen.«

Auf der Zielgeraden riss Thomas die Arme hoch, als er auf der Anzeigentafel las, dass wir in Führung lagen. Weil er mit dieser Aktion sein Tempo verlangsamte, fuhr ich das zweite Mal in diesem Rennen in ihn hinein. Im Lärm des Stadions hatte ich nicht mitbekommen, dass er bremste. Wir stolperten zwar nicht, torkelten aber ein bisschen bei der Zieleinfahrt.

Gleich darauf umarmte mich Thomas und gratulierte mir. Und was machte ich? Ich sagte nicht: »Wow, tolles Rennen. Wir haben Gold geholt!« Nein, ich fuhr ihn an: »Was war das denn das für ein Scheiß! Zwei Zusammenstöße in einem Rennen! Wie kann denn so was sein? Das darf uns nicht noch mal passieren!«

Der arme Mann und die Furie …

»Komm, stell dich nicht so an«, sagte Thomas lachend, »freu dich lieber. Wir haben gerade das vierte Mal Gold gewonnen!«

Glücklicherweise bekam ich meine furiose innere Perfektionistin, die darunter litt, zwei Stolperer in einem Rennen gemacht zu haben, ziemlich schnell klein. Vor allem, als ich realisierte, dass der österreichische Trainer recht hatte: Das, was ich im Rennen nicht an Kraft gehabt hatte, hatte ich durch eine gute Technik wettmachen können. Technisch annähernd so sauber zu laufen wie sehende Sportler ist wohl das schönste Kompliment, das man als blinde Biathletin bekommen kann. Es richtete sich aber weniger an mich als an Werner und Thomas, die durch ihr Engagement im Training dafür gesorgt hatten, dass ich mein Potenzial voll ausschöpfen konnte. Thomas und ich kamen als perfekte Einheit ins Ziel, verbunden durch das Vertrauen, das wir ineinander hatten. Deshalb war die vierte Goldmedaille ein Geschenk an ihn.

Nach zwei Tagen Pause folgte der letzte Wettkampf: Langlauf Sprint. Dieses Rennen war aufgrund der schlechten Wetterbedingungen eine Quälerei. Es regnete, war warm und feucht. Nach den vier anderen Rennen war ich bereits am Ende meiner Kräfte und froh, als das fünfte endlich vorbei war. Thomas und ich hatten die letzten Ressourcen mobilisiert *und knapp gewonnen. Am Ende der Spiele in Vancouver waren wir überglücklich über die Bilanz von fünf Goldmedaillen.*

Neben den Siegen in Vancouver waren die Erlebnisse nach der Ankunft am Münchener Flughafen eine schöne Überraschung: Meine Freundinnen holten mich mit einer Stretchlimousine ab und fuhren mich damit zu meiner Zwei-Zimmer-Behausung. Ihre Begründung: Der FC Bayern würde auch immer so schick durch die Gegend gefahren, das müsse ich auch haben. Für den Abend hatten sie im Innenhof des Mietshauses, in dem ich wohnte, ein kleines Fest organisiert.

Am nächsten Morgen wachte ich um zehn nach sieben auf und stellte fest, dass ich den Wecker nicht gehört und verschlafen hatte. Nun musste ich zwanzig Minuten später bereits bei Bayern 2 im Sender sein. Ich sprang aus dem Bett, rief ein Taxi, zog mich während des Zähneputzens an, schmiss mir eine Handvoll Wasser ins Gesicht und setzte mich ungekämmt ins Auto. Von dort aus rief ich beim Sender an und sagte, dass ich auf dem Weg sei. Um sieben Uhr achtundzwanzig stand ich vor der Tür, und vier Minuten später fand das Interview statt. Der erste Kommentar nach der Livesendung kam per Telefon von meinem Bruder Michael: »Vroni, was war denn los? Du hast ja voll gegähnt.«

Am Nachmittag holte mich mein Bruder Johannes ab, und wir fuhren an den Bodensee. Dort warteten meine Familie, Thomas, mein Trainer Werner, mein früherer Begleitläufer Ralf Schmidt – also viele Menschen, die mich während meiner Karriere begleitet hatten. Am Abend wurde ich mit einem Cabrio durch Tettnang bis auf den Rathausplatz gefahren. Während mir die Menschen zujubelten, stand ich im Auto und konnte das alles nicht fassen. Tausende von Leuten waren nur wegen Thomas und mir gekommen. Mit so einem Menschenauflauf und einer solchen Begeisterung hatte ich nicht gerech-

net. Die Tettnanger hatten ein riesiges Fest organisiert und ernannten mich zu ihrer Ehrenbürgerin. Wir feierten die halbe Nacht. Dieser herzliche Empfang bedeutete mir sehr viel, weil er die Anerkennung unserer Leistungen zum Ausdruck brachte. Die Erfolge von Vancouver waren für Thomas und mich ein Grund zur Freude und eine Motivation für viele andere Menschen.

Im Sommer 2010 erhielt ich einen Anruf von Burda, in dem man mir mitteilte, dass Verena Sailer und ich für den Bambi in der Kategorie Sport nominiert seien. Ich war völlig aus dem Häuschen und rief erst mal meine klatscherprobten Freundinnen und meine Mutter an, um mich schlauzumachen, was da alles auf mich zukäme.

»Nein, Bambi, Verena, das ist toll, da musst du hin!«

Also sagte ich zu, auch wenn ich keinen blassen Schimmer hatte, was ich anziehen sollte und was mich bei der Verleihung erwarten würde. Ich dachte, beim Sport-Bambi verhielte es sich so wie bei den meisten anderen Kategorien: Mehrere Leute sind für einen Preis nominiert, und nur einer nimmt das Reh mit nach Hause.

Mein Bruder Michael verkündete vollmundig: »Ach, Verena, wenn du einen Bambi bekommst, dann esse ich ein Reh.« Dazu muss man wissen, dass wir beide seit über zwanzig Jahren Vegetarier sind.

»Das musst du ja vielleicht gar nicht«, antwortete ich ihm.

»Doch, doch, ich mach das«, erwiderte er, und wir gaben uns die Hand darauf, weil ich nicht so richtig daran glaubte, dass ich den Preis bekommen würde.

»Wie ist das eigentlich?«, fragte ich einen der Gästebetreuer kurz vor Beginn der Veranstaltung. »Wir erfahren in der Sendung, wer den Bambi erhält, und dann geht eine von uns

hoch, oder? Wenn ich das wäre, könnte ich ja mit meiner Begleitung auf die Bühne gehen.«

»Nein, nein«, antwortete der Betreuer, »Sie bekommen den Bambi beide und gehen zusammen auf die Bühne. Das ist doch das Einfachste.«

›Oh je‹, dachte ich, ›das muss ich üben. Sonst geht das schief.‹ Also bat ich Verena, ein paar Schritte mit mir zusammen zu machen. Dabei erklärte ich ihr, dass ich mich bei ihr einhaken würde. Nur so merke ich, wann die Stufen kommen.

Wir hatten alles genau besprochen und waren tipptopp vorbereitet. Als ich während der Veranstaltung meinen Namen hörte, sprang ich mit strahlendem Gesicht auf, um auf die Bühne zu gehen. Doch Fehlanzeige. Vor lauter Nervosität hatte ich nicht bedacht, dass noch ein Filmbeitrag über Verena Sailer gezeigt wurde. Zum Glück merkte ich es gerade noch rechtzeitig, und ich setzte mich still und leise wieder hin. Als die Leute klatschten, dachte ich: ›Ah, der Film ist aus, nun können wir los.‹ Und war zum zweiten Mal überzeugt, dass wir aufstehen müssten. Heute frage ich mich, wie ich vergessen konnte, dass auch über mich noch ein Film gezeigt wurde. Na ja, das war wohl eine Form von Nervosität vor dem Wettkampf.

Ich setzte mich also ein weiteres Mal hin und wartete. Am Ende des Films blieb ich dann extra sitzen, um nicht noch einen Fehlstart hinzulegen. Denn drei Fehlstarts heißt im Wettkampf: Disqualifikation. Als Verena mich am Arm berührte, stand ich auf, und wir liefen gemeinsam los.

Weil wir kein eingespieltes Team waren und die breiten Stufen zur Bühne im langen Kleid und mit richtig hohen Hacken eine echte Herausforderung für mich darstellten, hätte ich mich auf der Treppe beinahe der Länge nach hingelegt – vor einem Millionenpublikum. Ich konnte mich aber gerade

noch fangen. Meine Familie und Freunde kommentierten hin-
terher, dass mein Fernsehauftritt doch etwas zu wünschen
übrig gelassen habe. Ich musste es ja zum Glück nicht an-
schauen ...

Als wir den Preis überreicht bekamen, bedankte sich Vere-
na als Erste und machte das sehr souverän. Dann kam ich an
die Reihe, völlig aufgeregt. Bis dahin hatte ich immer gedacht,
ich sei kein rührseliges Mädchen, das vor unzähligen Men-
schen heult, wenn es einen Preis bekommt. Aber in dem
Moment stand ich völlig aufgelöst da – und noch dazu ohne
Rede, obwohl meine Mutter mir mehrmals geraten hatte, et-
was vorzubereiten. Ich hatte alle Warnungen ignoriert und
gedacht: ›Das gibt sich dann schon.‹ Doch als auf einmal alle
Augen auf mich gerichtet waren, stammelte ich vor versam-
melter Mannschaft: »Meine Mutter hat es mir prophezeit ...
Schnief ... Wenn du keine Rede vorbereitest ... Schnief ...
Dann weißt du nicht, was du sagen sollst ... Schnief ... Und
genauso ist es jetzt ... « Ich bedankte mich zumindest bei mei-
nem Trainer Werner und meinem Begleitläufer Thomas und
bei meiner Familie. Eigentlich wäre ich gern mit meinen ho-
hen Schuhen und dem langen Kleid elegant und grazil die
Treppen hinaufgeschwebt, um auf der Bühne ganz ruhig und
entspannt den Bambi entgegenzunehmen und mich in ganzen
und zusammenhängenden Sätzen, wie es einer Germanistin
gebührt, zu bedanken. Deshalb möchte ich die Gelegenheit
nutzen, die Rede, die ich damals nicht gehalten habe, hier
nachzuholen. Mama, blättere einfach auf Seite 218, dann
kannst du alles nachlesen, was ich beim Bambi hätte sagen
wollen.

Mein Bruder, der Vegetarier, löste übrigens ein paar Wo-
chen nach der Bambiverleihung in einem Restaurant namens
»Hirsch« seine Wettschulden ein und verzehrte ein Rehgu-

lasch mit Spätzle und Blaukraut. Es schmeckte ihm so gut, dass er seither ein »Rehgetarier« ist.

Sich mit Kritik auseinandersetzen

Kürzlich hielt ich bei einer großen Firma einen Vortrag im Rahmen einer internen Fortbildung. Ziel der Veranstaltung war, das Know-how und die Erkenntnisse der einzelnen Firmensparten einander zugänglich zu machen und sich zu vernetzen. Eigentlich eine tolle Sache! Die Abteilungen taten sich jedoch sehr schwer, ihr Wissen aus der Hand zu geben, weil jede das Ziel hatte, am profitabelsten zu arbeiten.

Die besagte Firma hatte mich gebeten, einen Vortrag über Teamarbeit zu halten. Auf den ersten Blick ist ein Biathlet ein Einzelkämpfer. In meinem Fall funktioniert das aber nicht. Ich brauche das Team, sprich einen Begleitläufer, Trainingspartner, Trainer etc., um hervorragende Leistungen zu erbringen; ich brauche viele Leute für meinen Erfolg. In Wahrheit ist das bei jedem Sportler so, blind oder nicht, die Sehenden laufen halt nur allein durchs Ziel. Doch auch hinter ihnen stehen Menschen, die mitverantwortlich sind, auch wenn man sie meistens nicht sieht.

»Wir denken oft nicht daran, dass unser Wissen anderen Abteilungen und Kollegen nützen könnte. Das ist uns nicht so klar, weil wir im Tagesgeschäft gefangen sind«, erzählen mir die Mitarbeiter nach dem Vortrag im Gruppengespräch. Ich habe diesen Satz etwas anders verstanden. Vielleicht steckt hinter dieser Begründung ja auch die Sorge, nicht so gut wie die anderen zu sein, beziehungsweise das daraus resultierende Bedürfnis, die anderen zu überflügeln, um besser zu sein. Und diese Sorge wiederum speist sich beispielsweise aus der Angst vor Budgetkürzungen oder Personalabbau.

Ich habe eine andere Schule durchlaufen, weil ich auf die Unterstützung anderer angewiesen bin, und das auch in ganz simplen Situationen. Vor ein paar Monaten habe ich mir ein neues Handy gekauft, das nahezu perfekt auf meine Bedürfnisse abgestimmt ist. Aber ich hatte keinen blassen Schimmer, wie ich das Ding in Betrieb setzen konnte. Einer meiner Freunde, ein blinder Informatiker, ist ein Crack auf seinem Gebiet. Er hat mir sein gesammeltes Wissen zur Verfügung gestellt. Ich weiß nicht, wie oft wir bis nachts um zwei miteinander telefoniert haben, damit ich zum Handyprofi wurde. Wahrscheinlich hätte ich Monate dafür gebraucht, mir das alles allein anzueignen. Er sagte nicht Nein mit der Begründung: »Ich erarbeite mir das doch nicht alles mühsam, damit ich dir das Leben leichter mache«, sondern »trainierte« bereitwillig mit mir.

Manch einer mag sich aus Unachtsamkeit nicht austauschen, weil er es in der Hektik des Alltags vergisst. Aber bei den meisten Menschen ist Konkurrenzdenken die Ursache mangelnder Teamarbeit. Dahinter steckt die Frage: Was passiert, wenn ich meine Erkenntnisse anderen Menschen anvertraue? Schnappt mir ein anderer mit Hilfe meines Wissens am Ende die Goldmedaille weg?

Eine solche Haltung ist kontraproduktiv und mittel- bis langfristig richtig schädlich. Ein Team, welcher Art auch immer, kann nur erfolgreich sein, wenn alle Mitglieder zusammenhalten. Das ist nichts Neues, aber in meinem Sport macht sich einfach viel schneller und deutlicher bemerkbar als anderswo, dass es nicht ohne Teamarbeit geht. Ich wurde nicht auf diese Erkenntnis gestoßen, sondern förmlich darauf gerammt. Wenn sich niemand für meinen Erfolg engagiert, wenn ich niemanden habe, der mit mir teilt, dann kann ich nichts tun. Sehende Menschen können lang allein vor sich hin wurschteln, ohne Defizite zu bemerken. Ich kann mir das nicht leisten, weil ich meinen Radius nur mit Hilfe anderer erweitern kann. Für mich ist es ein Gesetz des Überlebens, anderen Menschen zu vertrauen und sie um Hilfe zu bitten.

Bei meinem letzten Workshop für den SV Zukunft fragte ich in die Runde: »Glaubt ihr, dass man Vertrauen trainieren kann?«

»Ja, wahrscheinlich schon«, antwortet einer der Jugendlichen, »Warum sind Sie sonst da?«

»In welchen Momenten ist denn für euch Vertrauen wichtig?«

Ein Mädchen meldet sich mit einem Fingerschnipsen und sagt: »Na, weiß ich nicht, aber für Sie ist das doch total wichtig. Sonst werden Sie ständig verarscht, wenn Sie an der Kasse was bezahlen.«

»Hat noch ein anderer eine Idee, wo Vertrauen wichtig ist? Vielleicht im Praktikum oder zu Hause?«

Diesmal schnipst ein Junge: »Ich vertrau vor allem meinem besten Freund, dem JayJay, weil der nie was weiterzählt und weil der immer da ist, wenn ich ihn brauch.«

»Super, genau so meine ich das. Vertrauen ist nicht nur für Blinde wichtig, sondern für alle Menschen.« Dann schaue ich zu dem Mädchen, das vom Verarschen gesprochen hatte, und fahre fort: »Für mich ist es wichtig, dass die Leute aufpassen und für mich mitschauen. Die meisten Menschen sind sehr ehrlich, trotzdem kann in der Hektik schon mal ein Fehler beim Rausgeben passieren. Vor ein paar Wochen war ich mit einem Taxifahrer unterwegs, der mir zu wenig Wechselgeld gab. Als ich das merkte, war der arme Mann völlig betroffen. Er hatte mich nicht betrügen wollen, sondern war gestresst und verunsichert gewesen, weil eine Diplom-Hektikerin wie ich hinter ihm im Wagen saß, die während der Fahrt in regelmäßigen Abständen nach vorn rief: ›In fünf Minuten fährt mein Zug …‹ – ›In vier Minuten fährt mein Zug …‹«

»Krass, Mann.«

»Nein, das ist nicht krass. Ich muss das Vertrauen genauso wie ihr jeden Tag üben.«

»Und wie übt man das?«, fragt einer der Schüler.

»Vertrauen braucht Regeln und Verantwortung. Ich kann mich bei euch nur orientieren, solange es im Raum ruhig ist. Wenn ich nicht höre, was ihr macht, kann ich nicht auf euch eingehen. Deshalb heißt unsere gemeinsame Regel: leise sein. Und was das Training betrifft, machen wir jetzt eine kleine Übung. Ihr geht paarweise zusammen, einer setzt sich eine Schlafbrille auf, und der andere führt ihn durchs Schulhaus. Geht vom Erdgeschoss übers Treppenhaus in den dritten Stock und kommt wieder zurück. Der ›Blinde‹ fasst das Geländer nicht an und wird von seinem Begleitläufer über die Ansagen, die wir vorhin besprochen haben, geführt. Seid bitte ganz ruhig dabei, und passt auf, dass sich keiner wehtut.«

Eine Viertelstunde später sitzen wir wieder zusammen und besprechen die Übung.

»Habt ihr eurem Begleitläufer vertraut? Und wenn ja, warum?«

»Boah, das ist ja echt schwer. Hätt ich nicht gedacht. Aber ich hab der Jessie vertraut, weil sie mich voll gut geführt hat. Wir sind gar nirgends angestoßen.«

»Ich fand's nicht so toll«, sagt eine andere Schülerin, »ich hab echt Angst gehabt und immer die Arme nach vorn gehalten, damit ich mir nicht weh tue. Und die Sabrina hat die ganze Zeit gelacht.«

Sabrina meldet sich: »Das ist doch voll peinlich, wenn ich ›Hopp‹ sagen muss und ›links‹ oder ›rechts‹, und du machst nicht, was ich dir sage.«

In dem Moment greife ich ein: »Wenn das Führen über die Stimme nicht gut klappt, dann liegt das daran, dass das für euch eine ganz neue Erfahrung ist. Ihr braucht Vertrauen nicht wie gerade eben, schließlich seid ihr nicht blind. Ihr braucht Vertrauen in ganz anderen Situationen. Wenn ihr eine Lehre beginnt, bekommt ihr Kollegen und einen Chef, denen ihr bei der Arbeit vertrauen müsst. Und vielleicht sagen die euch manchmal Dinge, die ihr nicht hören wollt. Vertrauen trainieren heißt dann: den Rückmeldungen und der Kritik offen zu begegnen, darüber nachzudenken, ob da was dran sein könnte, und, falls sie nicht gerechtfertigt ist, das ehrlich und freundlich zur Sprache zu bringen. Auch die anderen Menschen können euch nur vertrauen, wenn ihr offen seid und den Mut habt, eure Schwächen und Bedürfnisse anzusprechen. Ich will euch mal zwei Beispiele geben: Bevor ich mit Langlaufen anfing, machte ich Leichtathletik, am allerliebsten 800-Meter-Lauf – eine Distanz, die so richtig wehtut. Kugelstoßen konnte ich zum Beispiel nie gut, weil ich nicht genug Kraft habe. Ich habe immer eine jämmerliche Figur abgegeben, wenn die Kugel nach dem Stoß knapp vor meinen Füßen aufkam ...«

Die Klasse lacht.

»Meine Leichtathletikkarriere fand jedoch schon ein Jahr später ihr Ende, als der Trainer, das ist ja so eine Art Chef, mir bescheinigte, dass aus mir nie eine gute Leichtathletin werden würde, weil ich im Laufen nicht genug Talent hätte. Neulich haben wir uns auf einer Sportveranstaltung wiedergesehen und über damals gesprochen. Da sagte ich zu ihm: ›Du kannst echt froh sein, dass du mich mit deiner Kritik nicht davon abgehalten hast, Sport zu machen. Aber ein anderes Mädel hätte vielleicht aufgegeben.‹

Ich habe die Kritik des Trainers damals überhaupt nicht verstanden, sondern mich nur über ihn geärgert. Am liebsten hätte ich alles hingeschmissen, weil ich so sauer war. Dabei hätte ich den Mut aufbringen sollen, ihn zu fragen, was ich tun könnte, um besser zu werden. Glücklicherweise hatte ich noch eine andere Trainerin, die mich wieder in die Spur brachte. Sie wies mich auf mein Potenzial im Langlaufen hin und erreichte damit, dass ich meine Sportart fand.«

Eine Schülerin meldet sich: »Mir ist beim Praktikum im Kindergarten auch so was passiert. Da hat mir die Leiterin am Ende gesagt, dass ich keine gute Erzieherin werde. Das hat mich total gefrustet, weil mir die Arbeit echt Spaß gemacht hat. Ich hab überhaupt nicht verstanden, warum sie das sagt, aber ich hab auch nicht nachgefragt. Ich geh da jetzt noch mal hin, damit ich kapiere, wie sie das gemeint hat.«

»Genau das ist der Punkt! Vertrauen heißt nämlich auch, sich etwas trauen. Du traust dich, dich der Kritik eines anderen zu stellen. Damit nutzt du die Chance, dich zu verändern.«

Am Ende dieses Workshops erkennen die Jugendlichen die Bedeutung von Vertrauen in ihrem Leben.

Vertrauen ist vor allem eine Frage der Perspektive. Es kommt auf meine Wahrnehmung an, ob ich andere als Bereicherung, als Risiko oder Handicap sehe; ob ich die Fähigkeiten und die Unterstützung anderer positiv oder negativ betrachte; ob mir oder uns beiden die Abhängigkeit weiterhilft oder ob ich sie als Einschränkung empfinde. Und diese Sichtweise kann man trainieren. Vertrauen ist ein Thema, das uns das gesamte Leben beschäftigt. Wir müssen immer wieder üben, uns zu öffnen und einen Schritt auf andere zuzumachen.

Letzten Sommer hielt ich ein Seminar zum Thema »Vertrauen und Kommunikation im Team«. In der Pause erzählte mir eine Teilnehmerin, sie habe große Probleme damit, auf ihren Chef zuzugehen. Da er sie einmal vor den anderen Kollegen niedergemacht hatte, war sie der festen Überzeugung, er würde kein gutes Haar an ihr lassen, egal was sie tue. Seither hatte sie ständig das Gefühl, sich rechtfertigen zu müssen, und präsentierte ihrem Chef nur die positiven Resultate. Aus diesem Grund wagte sie es auch nicht, sich ihrem Chef anzuvertrauen und offen zu sagen, dass sie einer der ihr übertragenen Aufgaben nicht gewachsen war, weil sie dafür die Kenntnisse nicht besaß. Sie beschloss stattdessen, das Projekt still zu erledigen und mögliche Fehler in Kauf zu nehmen.

Solch ein Verhalten kann eine Negativspirale auslösen. Die Mitarbeiterin riskierte damit, ihren Chef erneut zu verärgern, falls etwas schiefgehen würde.

Im Coachinggespräch nach dem Seminar fragte ich sie, warum sie ihr Potenzial einschränke und sich damit selbst ein Hindernis in den Weg stelle. Denn mit Sicherheit hatte sie Fähigkeiten, die sie ihrem Chef hätte anbieten und ins Team einbringen können. Durch den Mangel an Vertrauen brachte sie sich um die Gelegenheit, etwas dazuzulernen, sich zu entfalten, etwas beizutragen und Spaß zu haben an dem, was sie tat.

Es ist ein großer Vertrauensbeweis, einem anderen – noch dazu einem Vorgesetzten – einzugestehen, etwas nicht zu können. Dabei müsste es doch gerade im Interesse des Chefs sein, solche Informationen zu bekommen. Am Ende des Gesprächs erkannte meine Klientin ihr Hindernis: Da sie ihre Probleme und Bedürfnisse nicht rechtzeitig formulierte, erhöhte sie selbst das Risiko, Fehler zu machen. Mit diesem Wissen um die eigene Verantwortung konnte sie nun das offene Gespräch mit ihrem Chef suchen.

2008 habe ich eine ähnliche Situation erlebt: Es war bei einer Abschlussbesprechung der Rennsaison, bei der ziemlich viele Leute anwesend waren: mein Trainer Werner Nauber, meine Mannschaftskollegen, die Physiotherapeuten, ein paar Ärzte und einige Mitglieder vom Landesverband. Unser Trainer ließ die Saison Revue passieren und kommentierte nacheinander die Leistungen jedes Sportlers. Als ich an die Reihe kam, sagte er: »Verena, du hattest ja eine recht schwierige Saison, und es war eine echte Herausforderung, weil du mit unterschiedlichen Begleitläufern fahren musstest. Dafür waren die letzten zwei Wettkämpfe noch ganz ordentlich. Aber du hast ein Problem: nämlich zu viel Gewicht. Daher solltest du dir für die nächste Saison vornehmen, mindestens fünf Kilo abzunehmen.«

Das alles vor versammelter Mannschaft, die fast nur aus Männern bestand. Ich saß wie versteinert da und konnte ab dem Moment überhaupt nicht mehr zuhören, was er den anderen sagte. Als ich auf dem Rückweg im Auto eines Kollegen saß, fragte ich ihn: »Sag mal, hab ich gerade ein Wahrnehmungsproblem, oder hat mich der Trainer vor allen vorgeführt?«

Mein Kollege fand das Statement nicht angebracht, aber auch nicht weiter tragisch. Also schluckte ich den Ärger runter, bis ich zu Hause war. Im Gespräch mit meinen Freundinnen brach der Frust dann aber aus mir heraus: »Mit dem trainiere ich nie wieder! Und seine Trainingspläne kann er sich an den Hut stecken.«

Nachdem ich mich ausgetobt hatte, eiferten sich die Mädels unisono: »Das geht ja gar nicht! Das ist unsäglich! Was ist das denn für einer?«

Zwei, drei Monate hatte ich eine richtige Wut auf meinen Trainer. Ich rief ihn nicht mehr an, was ich sonst regelmäßig tat, um ihm zu berichten, wie das Training lief. Er meldete sich ein paar Mal, aber da war ich immer recht kurz angebunden.

Als im Juni die Saison begann, erklärte ich ihm telefonisch, dass ich erst mal auf Trainingspläne verzichten und für mich selbst trainieren wolle. Das ließ er natürlich so nicht durchgehen und sagte: »Das kannst du gern bis zum Lehrgang in einer Woche machen. Dann bekommst du einen neuen Trainingsplan.«

Nun hatte ich also genau sieben Tage Zeit, um mir zu überlegen, wie ich mit dieser Situation umgehen sollte. Ich stand vor einem Problem: Würde ich ihm sagen, dass ich nicht mehr von ihm trainiert werden wollte, müsste ich ihm natürlich den Grund dafür nennen. Bis dahin hatten wir uns immer gut verstanden. Ich schätzte ihn und seine ausgeklügelten Trainingspläne und war grundsätzlich sehr zufrieden mit unserer Zusammenarbeit. Erschwerend kam hinzu, dass ich auch nicht gewusst hätte, wer mich sonst trainieren sollte.

Nach einigem Überlegen entschied ich mich für die Offensive und sagte ihm beim ersten Abendessen auf dem Lehrgang: »Werner, wir müssen nachher mal fünf Minuten allein reden.«

»Ja, kein Problem, ich wollte mich eh mit dir besprechen wegen der Trainingspläne.«

Also zogen wir uns nach dem Essen in eine ruhige Ecke zurück, bestellten beide ein Bier und redeten erst mal ein paar Minuten über belanglose Dinge, bevor ich mich aufraffen konnte, mein Problem anzusprechen.

»Weiß du was, Werner, es hat mich richtig mitgenommen, dass du mir in der Teamsitzung gesagt hast, ich solle fünf

Kilo abnehmen. Vor all den Leuten! Ich würde mir wünschen, dass du mir so etwas das nächste Mal in einem Einzel-
gespräch sagst. Für mich ist das kein Thema, das man in großer Runde diskutiert. Das hat mich getroffen. Deshalb war
ich in den letzten Monaten echt sauer und habe gar nicht mit
dir reden wollen.«

Es kostete mich viel Überwindung, das alles zu sagen.
Beim Reden schossen mir die Tränen in die Augen, weil die
Wut und Enttäuschung wieder hochkamen. Noch dazu war
es mir ein bisschen peinlich, wie ich so dasaß und das Mädchen spielte.

Der arme Werner! Er war ganz betroffen, sprang sofort
vom Stuhl auf, nahm mich in den Arm und sagte:»Ach Verena, das tut mir so leid. Das stand halt auf meinem Notizzet-
tel, und ich hab's einfach vorgelesen. Mir war überhaupt nicht
klar, was das für dich bedeutet. Das tut mir echt leid.«

Welch eine Erleichterung! Ich musste schon fast lachen,
weil ich von einer Sekunde auf die andere begriff, dass mein
Trainer einfach wie ein Mann gehandelt und sich null Komma
null Gedanken gemacht hatte, wie das bei einer Frau an-
käme. Diese Kritik, die mich so aufgebracht hatte, war für
ihn nichts weiter als eine Randnotiz auf seinem Zettel gewesen. Wir hatten uns in dem Moment auf zwei völlig unterschiedlichen Fährten befunden. Für Werner war dieser kleine Satz nicht mehr als eine nüchterne Feststellung gewesen.
Für mich als Frau, die seit zwanzig Jahren mit ihrer besten
Freundin über die negativen Auswirkungen von Nutella &
Co. diskutiert, war er ein Desaster. Ich hatte seine Worte persönlich genommen und mich geärgert, dass er mir vor der
ganzen Runde gesagt hatte, ich sei zu dick. Was er genauge-
nommen ja nicht getan hatte. Aber ich empfand seine Worte
als einen Affront gegen mich. Hätte ich mich in ihn hinein-

versetzt, wäre mir klar geworden, dass er mir einfach nur einen wichtigen Hinweis zur Leistungsverbesserung geben wollte.

Wie oft entstehen solche Probleme dadurch, dass jeder Beteiligte andere Dinge hört beziehungsweise Vorurteile hat? Und was würde passieren, wenn wir uns in solchen Momenten fragten, aus welchem Motiv heraus der andere handelt? Damit würden wir automatisch unsere Perspektive verändern. Wir könnten offen über das Problem sprechen und vielleicht feststellen, dass das, was passiert ist, gar nichts mit uns zu tun hatte. Und genau darum geht es beim Vertrauenstraining: zu lernen, die Dinge aufgeschlossen und positiv zu sehen.

Ich habe aus meiner verletzten Eitelkeit heraus agiert, statt Werners Motive vorurteilsfrei zu betrachten. Aus einer wohlwollenden Perspektive heraus wäre ich vermutlich auf die einfache Erklärung gekommen, dass mein Trainer als Mann nicht über sehr viel Feingefühl für ein Thema verfügt, das für viele Frauen eher sensibel ist. Ich hätte wissen müssen, dass er mir nur Gutes will. Es war immer sein erklärtes Ziel, mich zu einer hervorragenden Sportlerin zu machen, und er war stets froh und glücklich, wenn ich technisch gut gelaufen war und auch noch gewonnen hatte. Ich habe lang genug in einer Männermannschaft trainiert, um zu wissen, dass zwischen Jungs ein rauerer Umgangston herrscht. Ich klopfe ja auch manchmal meinem Bruder Michael auf den Bauch und sage flapsig: »Na, Weißbiermuskel?« Er reagiert immer gelassen: »Ja, das stimmt, da bin wieder ganz schön angespannt.«

Die Abhängigkeit überwinden

Im Sommer 2012 war ich mit meiner Freundin Annika und ihrem Mann Joachim, einem Bergführer, auf einem mittelschweren Klettersteig am Tegelberg in der Nähe von Füssen unterwegs.

»Mensch, geht das nicht ein bisschen zügiger«, drängelte ich beim Aufstieg von hinten. »Auf dem Schild am Parkplatz stand zwar, der Aufstieg würde zweieinhalb Stunden dauern, aber sportliche Menschen schaffen das doch bestimmt in eineinhalb. Los, beeilen wir uns, dann sind wir schneller beim Kaiserschmarrn oben auf der Hütte.«

»Das geht so nicht, Verena«, ermahnte mich Joachim, »am Berg wird nicht gedrängelt. Da braucht es Ruhe und Gelassenheit, weil Hektik und Schnelligkeit viel zu gefährlich sind.«

Leise grummelnd marschierte ich hinter ihm her, weil mir das alles deutlich zu langsam ging.

Die beiden sicherten mich mit Seilen und achteten bei jedem meiner Schritte darauf, dass ich einen festen Tritt hatte. Joachim ging voraus und sagte die Strecke an: »Vorsicht, hier wird es sehr steil. Noch ein Schritt, dann kommt rechts ein Stein, an dem du dich festhalten kannst. Dann setzt du erst das linke Bein auf die Stufe vor dir und danach das rechte.«

Annika lief hinter mir und machte mich bei besonders schwierigen Passagen auf weitere Details aufmerksam. An einem Bach, der unsere Route kreuzte, erklärte sie mir beispielsweise, wie ich von Stein zu Stein gelangen konnte, ohne in voller Montur bis zu den Knien im Wasser zu stehen. Nach zwei Stunden und 20 Minuten hatten wir den Gipfel erreicht.

»Mensch, Verena«, fragten meine beiden Freunde, als wir beim Kaiserschmarrn saßen, »wie wäre es denn, wenn du mal einen richtig hohen Berg besteigen würdest?«

»Das würde mich schon interessieren«, antwortete ich.

Drei Wochen später rief mich Annika an und bot mir an, mit nach Tansania zu kommen, um den Kilimandscharo zu besteigen. Joachim sollte dort Anfang des kommenden Jahres als Bergführer für einen deutschen Reiseveranstalter zwei Touren durchführen. Da meine Freunde viel Erfahrung hatten, schlief ich eine Nacht über diese Idee und sagte am nächsten Morgen zu.

Am 6. Februar ging die Reise los. Unsere Gruppe bestand aus acht Leuten plus zwei Bergführern. Am Abend vor dem Aufbruch saßen wir alle im Garten des Hotels, um uns kennenzulernen und die Reise zu besprechen. Joachim fragte jeden von uns, was das Ziel seiner Reise sei.

»Ich bin hier, weil ich auf den Gipfel will«, antwortete ich.

Die anderen Mitglieder, darunter auch erfahrene Bergsteiger, waren deutlich zurückhaltender in ihrer Formulierung. Deshalb dachte ich danach: ›Jetzt habe ich eine Riesenklappe gehabt, dabei weiß ich noch gar nicht, ob ich überhaupt fit genug für diese Herausforderung bin und die Höhe gut vertrage.‹ Ich war mir auch nicht sicher, ob ich es aushalten würde, drei Wochen lang permanent auf andere angewiesen zu sein. Und ob ich geduldig genug für die Berge war, stand ebenfalls noch zur Debatte.

Um uns zu akklimatisieren und an die Höhe zu gewöhnen, bestiegen wir am 11. Februar erst einmal den 4565 Meter hohen Mount Meru. Diese erste Tour dauerte insgesamt vier Tage. Elinema, einer der einheimischen Führer, erzählte mir beim Start, dass dieser Berg zwar niedriger, jedoch wegen des felsigen Geländes technisch schwieriger zu bezwingen sei als der Kilimandscharo. In der Nacht der Gipfelbesteigung kamen wir an eine schräge Felsplatte, auf der lockeres Geröll lag. In Europa wäre hier bestimmt ein Führungsseil gespannt gewesen, an dem sich die Bergsteiger hätten absichern können. In Tansania sagte der einheimische Guide lediglich, dass wir vorsichtig sein sollten.

»Das ist für die Verena zu gefährlich«, wandte Joachim ein und fing an, ein Führungsseil am Felsen zu verlegen. Danach gab er mir einen Klettergurt und befestigte mich mit einem Karabiner am Seil. Dieser ganze Vorgang dauerte gefühlte Stunden, während meine Tourbegleiter alle warten mussten. Ich wäre lieber ohne Sicherung über das Geröll gelaufen, weil ich davon überzeugt war, heil auf der anderen Seite anzukommen. Als Sportlerin hatte ich den Ehrgeiz, schnell voranzukommen, und natürlich auch, den Gipfel nicht als Letzte zu erreichen. Solange die Strecke gut begehbar war, konnte ich von meiner Fitness profitieren und kam zügig voran. Dann versuchte ich, die Zeitverluste, zu denen es auf schwierigem Gelände durch den erhöhten Gesprächs- bzw. Sicherungsbedarf kam, mit Tempo wettzumachen. Doch Joachim, der das Risiko eines Absturzes verständlicherweise nicht tragen wollte, nahm mich trotz meines Widerstandes an die kurze Leine. In dem Moment konnte ich sein Bedürfnis nach Sicherheit überhaupt nicht verstehen, sondern hatte nur im Kopf, dass ich die ganze Gruppe aufhielt und mich alle als Bremse empfanden. Die Vorstellung, nur im Schneckentempo vorwärtszukommen, so dass alle auf mich warten mussten, hatte zu einem der Schreckensszenarien in Sachen Abhängigkeit gehört, die ich mir vor der Abreise ausgemalt hatte.

Meine Freundin Annika war eine gute Begleitläuferin, sie brachte mich nicht nur sicher auf den Gipfel des Mount Meru, sondern auch auf den 5895 Meter hohen Kilimandscharo. An ihrem Rucksack war ein Seil befestigt, das ich mit der einen Hand festhielt. Auf diese Weise bekam ich mit, sobald es bergauf oder bergab ging, weil ein dementsprechender Zug aufs Seil kam. In der anderen Hand hielt ich einen Wanderstock, mit dem ich das Terrain erkundete. Sobald das Gelände unwegsamer wurde, sagte Annika: »Vorsicht, Verena, jetzt kommt eine kleine Rinne mit Wasser, mach mal einen großen Schritt.« Oder: »Jetzt setzt du deinen linken Fuß einen halben Meter nach unten und danach den rechten daneben.« Oder: »Pass auf, links von dir sind Dornen. Fass da nicht hin.« Schon am ersten Tag entwickelte sie eine tolle Technik, um nicht alles verbal beschreiben zu müssen. Lag ein Stein im Weg, trat sie ganz fest mit dem Schuh darauf, so dass ich das Hindernis hören konnte. Am Wegesrand wuchsen Brennnesseln, die schmerzhaft brannten. Sie warnte mich davor, indem sie mit ihrem Stock darüberstrich, so dass ich die raschelnden Blätter hörte, und einen Schritt zur Seite machen konnte.

Am Berg zeigt sich ganz schnell, wer gut erklären kann und wer mich durch Angst und Übervorsicht verunsichert. Letzteres hat nur zur Folge, dass ich den Bedenkenträger vor lauter Ungeduld irgendwann ignoriere und dabei mein Leben aufs Spiel setze. Ich muss nicht wissen, was alles passieren könnte, ob links zwei große Steine liegen oder rechts fünf kleine. Mich interessiert auch nicht das Gras, das zwischen den Steinen wächst. Ich brauche Menschen, die mir ganz genau und ohne emotionale Färbung sagen, was zu tun ist. Eine klare Trittanweisung kann ich schnell umsetzen, weil ich sofort ein Bild im Kopf habe.

Die permanente Abhängigkeit am Berg war auch für mich noch mal etwas Neues. Ein Langlauf-Wettkampf dauert maximal eine Stunde. Eine Bergtour hingegen zieht sich viel länger hin; in unserem Fall waren wir insgesamt elf Tage zusammen unterwegs. Es war für mich problematisch, mich in dem Camp zu orientieren. Ich konnte mich nicht allein bewegen, ohne Gefahr zu laufen, über Zeltschnüre und Steine zu stolpern oder einen Abhang hinunterzustürzen. Im Prinzip konnte ich keine fünf Schritte allein gehen, weil dauernd irgendwelche Hindernisse im Weg standen. Und das war nicht nur tagsüber so, sondern auch nachts. Wollte ich auf die Toilette, musste ich Annika wecken. Für sie war das kein Problem, da sie sich für diese Reise mit mir entschieden hatte, doch ich wälzte mich in der ersten Nacht eine halbe Stunde hin und her, weil ich sie nicht um ihren Schlaf bringen wollte. Ich empfand diese Bergtour als eine 24-Stunden-Abhängigkeit. Tagsüber waren wir mit einem Seil verbunden und nachts durch meine Hilflosigkeit. Der Zustand fiel mir auch deshalb so schwer, weil ich wusste, dass ich permanent forderte und nichts daran ändern konnte. In meinem Alltag macht mich mein Blindenstock selbstständig, weil ich damit Hindernisse ertasten und umgehen kann. Auf dem Berg folgt ein Stolperstein dem nächsten, weshalb der Wanderstock vielleicht meine Knie entlastet, nicht aber meinen Begleitläufer.

Die Besteigung des Kilimandscharo war eine große Herausforderung für mich, weil es mir schwerfiel, die Kontrolle über einen längeren Zeitpunkt komplett abzugeben. Beim Biathlon übernehmen mein Begleitläufer und ich in unterschiedlichen Situationen die Führung, auch wenn er immer vornweg fährt. Zudem dauert das Training wie auch der Wettkampf höchstens ein paar Stunden am Tag, und anschließend gehe ich nach Hause und übernehme wieder alleine die Führung in meinem Leben. Heute würde ich sagen: Berge funktionieren irgendwie anders als Biathlon.

Am Mount Meru und am Kilimandscharo habe ich erlebt, wie schön es ist, etwas Neues auszuprobieren. Ich bin hochgekommen und habe beide Gipfel durch Fitness, Konzentration und Durchhaltevermögen erreicht. Das Entscheidende an dieser Tour war für mich die Erkenntnis, wie wichtig es ist, sich in ein Team einfügen zu können. Jedes Mitglied hatte Bedürfnisse, die berücksichtigt, und Schwächen, die akzeptiert wurden. Einer der Teilnehmer verlegte permanent seine Sachen, so dass die ganze Gruppe suchen musste. Einem anderen bekam die Höhe nicht so gut, deshalb mussten wir beim Aufstieg öfter pausieren. An schwierigen oder brenzligen Stellen hatte ich Erklärungs- beziehungsweise Hilfsbedarf. Es tat mir gut, mal nicht die Erste zu sein, sondern eine mir zugewiesene Rolle anzunehmen und abzuwarten, wenn jemand »Stopp, da kommt eine Stufe« sagt, statt mit einem »Ach, das geht schon« einfach weiterzulaufen. Am Berg habe ich gelernt, dass »Stopp« »Anhalten« heißt, und zwar sofort. Innehalten ist gerade in heiklen Situationen wichtig, um Fehler zu vermeiden. Vor allem dann, wenn derjenige, der »Stopp« sagt, wesentlich mehr Erfahrung hat als man selbst und diese auch bereitwillig zur Verfügung stellt.

Das Team hat für mich eine zusätzliche Dimension, weil mir andere Menschen auch ihre Augen leihen. Ich verlasse mich auf ihre Wahrnehmung, ihre Sichtweisen und auch auf ihren Geschmack. Würden wir nicht an einem Strang ziehen, wären »meine« Augen futsch. Für mich bedeutet daher jeder Konflikt im Team etwas Substanzielles.

Natürlich ist es nicht immer leicht, auf andere angewiesen zu sein. Aber das Gute daran ist, dass ich weiß: Um mich herum sind Menschen, auf die ich mich verlassen kann. Sobald wir eine Beziehung aufbauen, bilden wir emotionale Rücklagen, um uns Schwächephasen leisten zu können. Ein Team fängt uns auf. Das ist wie ein mentales Sicherheitsnetz. Das Gefühl der Abhängigkeit lässt sich nur dann überwinden, wenn wir es akzeptieren. Und zwar, indem wir uns bewusst machen, wie uns die anderen Menschen beim Überwinden von Hindernissen helfen und damit einen wertvollen Beitrag zum Erreichen der eigenen Ziele leisten können. Wir haben immer die Wahl, aus welcher Perspektive wir Abhängigkeit betrachten.

Sich gegenseitig Kraft geben

Jedes Jahr zur Sommersonnwende findet in Norwegen ein berühmter Radmarathon statt: »Den Store Styrkeprøven-den«, zu Deutsch: Die große Kraftprobe. Auf der Strecke von Trondheim nach Oslo legen die Rennfahrer 540 Kilometer zurück und bewältigen dabei etwa 3400 Höhenmeter. Für viele Teilnehmer zieht sich dieses Rennen über 24 Stunden hin.

›Hm, einer von Europas längsten Radmarathons, das klingt doch richtig hart. Da will ich auch mal mitmachen‹, dachte ich, als ich das erste Mal davon hörte. Dann trug ich dieses Vorhaben aber erst einmal über zwei Jahre nur in Gedanken mit mir herum.

Die Idee konkretisierte sich im August 2011, als mein Tandempartner, Alex, und ich eine Alpenüberquerung machten. Ein paar Wochen zuvor hatte ich mir den Arm gebrochen, weil ich über eine Stufe gestolpert und mich dabei unglücklich abgefangen hatte. Die Tour war insgesamt wunderschön, wurde aber wegen des eingegipsten Arms auch zu einer echten Kraftprobe. Als wir den Albula-Pass überquerten, verfluchte ich mich, überhaupt losgefahren zu sein. Mal platzierte ich den gegipsten Arm auf dem Lenker, mal hielt ich ihn, mal legte ich ihn in der Schlinge ab. Das alles war so unbequem, dass ich irgendwann nicht mehr wusste, wie ich auf dem Tandem sitzen sollte. Der Arm tat weh, die Schulter tat weh, und unter dem Gips juckte es höllisch. Bei der Abfahrt beschimpfte ich mich: »Mann, wieso bist du nicht wie jeder normale Mensch daheimgeblieben?« Aber ich hatte Alex nicht absagen wollen und gedacht, dass ich es auch einarmig über die Alpen schaffen würde, schließlich musste ich ja nicht mit den Armen, sondern mit den Beinen treten.

Als wir am ersten Abend am Luganer See bei Pizza und Rotwein saßen, erzählte ich Alex voller Begeisterung von meinem Traum: »Jetzt wo wir die schlimmste Etappe der Tour hinter uns gebracht haben, kann ich es dir ja sagen: Ich möchte unbedingt ›Die große Kraftprobe‹ in Norwegen fahren. Der Radmarathon findet jedes Jahr im Juni zur Mittsommernacht statt. Machst du 2013 mit?«

Alex dachte ein paar Sekunden darüber nach und antwortete: »O. k., das machen wir! Wir haben es mit drei Armen über die Alpen geschafft, dann werden wir doch mit vier von Trondheim nach Oslo kommen.«

Für die Vorbereitung zum Marathon unterzog ich mich einer sportmedizinischen Untersuchung und einer Leistungsdiagnostik, an deren Ende ich vom Arzt zu hören bekam: »Oh je, Verena, Sie sind aber schlecht drauf. Ihre Grundlagenausdauer ist nicht besonders gut. Ich bin bloß froh, dass Sie einen starken Willen haben für das bevorstehende Rennen.«

Nach diesem Satz wusste ich genau, wo ich stand, was ich konnte und was ich zu tun hatte. Keine Sprints und keine Schnellkraftübungen mehr, nur noch lange, langsame Trainingseinheiten, um meine Ausdauer zu stärken. Ich rief Alex an und sagte ihm, dass ich ab jetzt nur noch langsam und mit niedrigem Puls fahren würde, dafür aber lange, lange Strecken. Er war jedoch der Meinung, wir müssten auch ab und zu hart die Berge hochfahren. In dieser Situation einen gemeinsamen Rhythmus zu finden, der beide Bedürfnisse berücksichtigte, war nicht ganz einfach. Weil wir durch das Tandem verbunden waren, mussten wir uns natürlich immer auf einen Gang, ein einheitliches Fahrtempo und das Streckenprofil einigen. Durch die vielen Trainingskilometer fanden wir heraus, wie jeder von uns beiden auf dem Tandem sein eigenes Potenzial ausschöpfen konnte.

Anfang März 2013 fingen wir auf Mallorca mit dem Training an und legten innerhalb von einer Woche knapp 600 Kilometer zurück. Das war ein Trainingsvolumen, das richtig Spaß machte, weil man zwischendurch auch mal anhalten und einen Cappuccino trinken konnte. Als wir zurückkamen, verabredeten wir, am Wochenende immer gemeinsam und unter der Woche allein zu trainieren. Also radelte ich morgens um sechs Uhr eineinhalb Stunden auf dem Hometrainer, bevor ich zur Arbeit ging, und fuhr am Freitagabend an den Bodensee, wo Alex wohnte.

Die stundenlangen Trainingseinheiten, die auf Mallorca bei strahlendem Sonnenschein und 25 Grad begonnen hatten, gingen am Bodensee bei nasskaltem Wetter, fünf bis maximal zehn Grad und wahlweise Niesel- oder Platzregen weiter. An einem Samstag im Mai fuhren wir beispielsweise im Trockenen los, doch schon in Bregenz, gerade mal fünfzehn Kilometer weiter, fing es an zu tröpfeln. In der Bregenzer Ache, von wo aus wir in die Berge fahren wollten, schüttete es bereits aus Kübeln, so dass wir unsere wasserfesten Klamotten anziehen mussten. Nach 120 Kilometern ging es erst über einen

Pass und dann eine lange Abfahrt hinunter Richtung Immenstadt am Eibsee. Wenn man klatschnass mit 50 Stundenkilometern bergab fährt, hat man schnell die Nase voll von der Kälte: Die Hände frieren am Lenker fest, die Beine fühlen sich an wie Eiszapfen, und der ganze Körper zittert. An diesem Punkt sank meine Laune auf den Nullpunkt, weil ich wusste, dass wir nicht einfach umkehren konnten. Erstens waren wir noch 100 Kilometer vom Ziel entfernt, und zweitens musste ich die Zeit am Wochenende effektiv nutzen. Allerdings wären fünf Stunden auf dem Hometrainer für mich noch schlimmer gewesen, als durch den Regen zu fahren. Alex war in dieser trüben Zeit ein echter Lichtblick, weil er nie die gute Laune verlor. Gemeinsam quälten wir uns durch diese »Schlechtwetterperiode«.

Am 21. Juni flogen wir schließlich nach Norwegen, wo uns wie gewohnt schlechtes Wetter empfing. Während es draußen tröpfelte, nahmen wir unser Fahrrad in Empfang und machten uns, mittlerweile bei strömendem Regen, auf den Weg nach Trondheim ins Hotel. Dort angekommen bereiteten wir unser Rennequipment vor, schaufelten beim Abendessen eine riesige Menge Kohlehydrate in Form von Nudeln in uns hinein und gingen früh schlafen.

Am nächsten Morgen fiel um sechs Minuten nach neun der Startschuss bei strahlendem Sonnenschein. Die Schönwetterperiode hielt genau eine halbe Stunde an. Dann begann es wieder zu regnen – und hörte nicht mehr auf, bis wir das Ziel erreichten.

Alex hatte vor dem Rennen berechnet, dass wir die 540 Kilometer in 24 Stunden zurücklegen könnten, wenn wir uns ranhielten. Das war unser persönliches Ziel, auch wenn die Schnellsten die Strecke in unter 14 Stunden bewältigten. 24 Stunden durchradeln – noch nie hatte ich mich so lang am

Stück angestrengt. Das war eine Herausforderung, die mir großen Respekt einflößte. Deshalb war ich froh über die Ratschläge von Axel Fehlau, der das Rennen 2012 als erster Deutscher gewonnen hatte.

»Axel, wie bleibt man bei so einem langen Rennen wach?«, fragte ich ihn, als wir uns am Vorabend in der Hotellobby kennenlernten.

»Das Allerwichtigste ist, dass du deinen Kopf beschäftigst«, antwortete er. »Such dir Rechenaufgaben oder kniffelige Denkaufgaben, ganz egal was. Hauptsache, du hörst nicht auf, dich auf etwas Konkretes zu konzentrieren. Wenn du dich nicht ablenkst, wird das ein harter Kampf gegen dich selbst.« Dann wendete er sich an Alex und fuhr fort: »Und du beschreibst der Verena die Landschaft, dann seid ihr beide beschäftigt.«

Manche der Fahrer waren Teil eines größeren Teams, und wurden von einem Versorgungsauto begleitet. Alex und ich hatten jeder einen kleinen Rucksack dabei, in dem sich ein Trikot zum Wechseln, ein Regenoutfit sowie ein paar Käsebrote und Kraftriegel befanden. Ich hatte nämlich Angst, dass es in den Versorgungsstationen entweder nur Fleisch oder gar nichts mehr zu essen geben könnte.

Ein halbe Stunde nach Rennbeginn goss es in Strömen. Wir zogen unsere Regenklamotten an. An der ersten Verpflegungsstation hielten wir kurz, zischten ein isotonisches Getränk auf ex und aßen ein paar trockene Kekse. Gegen 13 Uhr, nach etwa 100 Kilometern, erwarteten uns ein paar Freunde von Alex am Straßenrand, die zufälligerweise gerade in Norwegen einen Motorradurlaub machten. Die Jungs hatten ebenfalls Kekse und Cola dabei und boten uns Jacken zum Aufwärmen an. Als wir wieder aufbrachen, begleiteten sie uns noch ein paar Kilometer mit ihren Bikes. Diese kurze

Unterbrechung war eine willkommene Abwechslung und Motivationsspritze, denn die ersten 170 Kilometer ging es eigentlich nur bergauf. Wir fuhren einen Pass hoch und anschließend auf einem Hochplateau entlang. Danach ging es rauf und runter, rauf und runter – und das immer im strömenden Regen. Ich biss die Zähne zusammen, schließlich hatten Alex und ich uns nicht monatelang vorbereitet, um das Rennen abzubrechen oder mit dem Zug ans Ziel zu fahren. Für mich stand fest: Ich halte das bis zum Schluss durch! Ab Kilometer 80 hatte ich Axel Fehlaus Rat beherzigt und angefangen zu rechnen: Ich kalkulierte die Durchschnittsgeschwindigkeit und die Tretfrequenz pro Stunde und Minute, die Umdrehungszahl der Räder pro Kilometer, den Kalorienverbrauch pro zehn Kilometer, die Anzahl der Kekse, die ich bis zum Ziel essen könnte, ohne zuzunehmen. Ich rechnete mir aus, ob ich bei der momentanen Durchschnittsgeschwindigkeit den Frühstückskaffee schon in Oslo trinken würde. Ich überlegte, wie viele Eimer Wasser der Himmel wohl bis zur Ankunft auf mich schütten würde, wenn der Regen nicht nachließe ... Für jede dieser Aufgaben brauchte ich ewig, um einen Lösungsweg zu finden, weil die Tour so kräftezehrend war. Ich rechnete und rechnete und rechnete und vergaß darüber die Anstrengung und den Regen. Zwischendurch hielten wir an jeder Verpflegungsstation an, füllten unsere Trinkflaschen auf und aßen Kuchen, Kekse, Obst, Blaubeersuppe und Käsebrote.

Auf der Hälfte der Strecke, nach 270 Kilometern, ging mir der Rechenstoff aus. Da erreichten wir gerade ein Versorgungszelt, wo mein persönliches Highlight des Rennens aufgetischt wurde: dänische Waffeln mit Erdbeermarmelade! Wieder auf dem Tandem, rechnete ich erst aus, wie lange ich fahren musste, um die Waffeln abtrainiert zu haben, und dann, dass wir noch vor neun Uhr morgens am nächsten Tag ankommen müssten, weil wir schneller waren, als Alex es berechnet hatte. Die Denkaufgaben hielten meinen Geist tatsächlich auf Trab. Ich fühlte mich fit und hatte keine Sorge, die Nacht durchzuradeln.

An Mittsommer wird es in Norwegen fast nicht dunkel. Während wir also durch die helle Nacht fuhren, erzählte mir Alex, was er alles sah: die dicht bewachsenen Wälder auf dem Weg über einen Fjell; die vielen plätschernden Bäche und rauschenden Flüsse am Streckenrand; die vom Regen prallgefüllten Wolken, die in Norwegen viel tiefer zu hängen schienen als in Deutschland; die nicht enden wollende Dämmerung …

Zwischendurch nahm ich immer wieder mal die Sonnenbrille ab, um das »Nachtlicht« zu spüren. Trotz des Regens feuerten uns die Zuschauer, die in Ölzeug gehüllt am Straßenrand standen, bis morgens mit einem lautstarken »Heia! Heia!« und Klatschen an. Von der Ferne war Musik und Lachen zu hören. »Das ist ja schön, in jeder zweiten Scheune machen die hier ein Fest«, sagte Alex. Ganz Norwegen feierte die »Weiße Nacht«. Je später der Abend, desto wilder hörten sich die Partys an.

Nach 430 Kilometern hielten wir wieder kurz an. Da machte sich die Müdigkeit in mir breit. Ich fror, und meine Kräfte hatten deutlich nachgelassen. Meine Beine fühlten sich ganz schwer an, und mein Hintern tat trotz der Hirschtalgbehandlung vom Morgen ziemlich weh. Als wir das Verpflegungszelt betraten, schlug mir der Duft eines leckeren Eintopfes entgegen.

»Oh«, rief Alex, » eine warme Suppe!«

»Mmmmmm …«, sagte ich, zu mehr war ich nicht mehr in der Lage, weil mir das Wasser im Mund zusammenlief.

»Oh je, Verena«, sagte Alex an der Essensausgabe, »da schwimmen Fleischbrocken drin.«

Als er mein enttäuschtes Gesicht sah, bot er an, das Fleisch aus der Suppe zu fischen, doch mir war zu diesem Zeitpunkt – nachts um halb zwei! – schon alles egal. Ich wollte nur noch eines: einen Teller Suppe. Mein Körper verlangte nach etwas Warmem und Salzigem, deshalb zögerte ich nicht lange, sondern schlürfte den Inhalt meines Tellers gierig in mich hinein. Und ich muss sagen: Obwohl ich seit meinem zwölften Lebensjahr Vegetarierin bin, ist mir die norwegische Kraftbrühe mit Fleischeinlage richtig gut bekommen. Nach dem Essen folgte die Suppennarkose. Es fiel mir von Sekunde zu Sekunde schwerer, ans Weiterradeln zu denken, deshalb sagte ich zu Alex: »Komm, lass uns schnell aufbrechen, sonst erstarre ich vor Kälte und bleibe für immer hier.«

Wieder auf dem Rad, widmete sich mein Gehirn erst der Vorfreude auf eine heiße Dusche in Oslo und dann erneut dem Denksport, was aufgrund der fortgeschrittenen Stunde zu unsinnigen Rechnungen führte, die jeglichen mathematischen Grundverständnisses entbehrten. Ich versuchte doch tatsächlich zu kalkulieren, wie viele Stunden die Norweger in den Sommermonaten schliefen, wenn es fast die ganze Nacht hell war. Ich kam auf fünf Stunden pro Nacht und in der Mittsommernacht auf weniger, weil sie da bestimmt durchfeierten, wie ich in meinem Marathondelirium annahm. Beschäftigungstherapie!

Morgens um sechs war klar: Wir mussten kräftig in die Pedale treten, um das Rennen innerhalb von 24 Stunden zu beenden. Zu dem Zeitpunkt waren wir noch etwa 45 Kilometer von Oslo entfernt. Es ging ständig bergauf, obwohl Alex angenommen hatte, dass es auf diesem Streckenabschnitt mehrheitlich bergab gehen müsse. Die Strecke führte mittlerweile über die Europastraße 6, die Nord-Süd-Verbindung Norwegens. Je näher wir Oslo kamen, desto breiter wurde die Autobahn. Die Atmosphäre, die Alex mir beschrieb, war gruselig. Einige Radfahrer lehnten bewegungslos und am Ende ihrer Kräfte an den Leitplanken, andere nutzten die gesamte Breite der Straße aus und fuhren zickzack. Wieder andere schoben ihr Rad im Zeitlupentempo. Ich konnte die Erschöpfung nachfühlen und hätte mich am liebsten dazugesellt.

»Verena, nicht aufhören«, sang ich mir ganz leise im Rhythmus der Pedale vor. »Treten! Treten! Treten! Immer nur treten! Du kannst noch gut treten! Treten! Treten!« Irgendwann ging mein norwegisches Marathonlied in ein Stakkato über: »Treten! Treten! Treten! Treten! Treten …«

Eine halbe Stunde später merkte ich, wie Alex immer wieder mal mit einer Hand den Lenker losließ und die Beine aus den Klickpedalen befreite, um sich zu strecken. Mehr als verständlich, schließlich hatte er die ganze Fahrt über den Lenker gehalten.

»Alex, dir geht es nicht mehr so gut, oder?«

»Mann, Verena! Ich strample mich hier ab wie ein Weltmeister, und du sagst, ich könnte nicht mehr. Natürlich kann ich noch. Du spinnst wohl!«, knurrte er mich an.

»Uhhh«, versuchte ich meinen Killersatz zu entschärfen, »ich dachte nur, du willst vielleicht mal absteigen, damit ich dir die Arme massieren kann.«

»Ich hab totale Krämpfe in den Armen, na und?«, gab er patzig zurück.

»Entspann dich. Ich hab dir doch gar nicht unterstellt, dass du nicht trittst. Ich wollte dich bloß fragen, wie es dir geht.«

»Wie soll's mir schon gehen??«

Da hatte ich den falschen Knopf gedrückt. Für ihn war in diesem Moment Anteilnahme nicht das Richtige. Deshalb sagte ich ab dem Zeitpunkt nur noch: »Gell, Alex, uns beiden geht es immer noch supergut.« Oder: »Unsere Beine sind noch tipptopp.«

Die letzte Versorgungsstation 30 Kilometer vor Oslo ließen wir aus, weil es uns zu riskant war, in unserem erschöpften Zustand so kurz vor dem Ziel noch einmal abzusteigen. Die Zieleinfahrt selbst war überhaupt nicht spektakulär. Das Ziel befand sich auf einem Sportplatz in einem nüchternen Industriegebiet, wo es kein großes Brimborium gab und keine laute Stimmung herrschte. Das entsprach ganz meiner Vorstellung von einem Rennen in Norwegen. Es waren kaum Zuschauer da, fast alle anderen Anwesenden waren Teilnehmer, die erschöpft vor sich hin starrten und sich nur noch mit Mühe fortbewegten. Für mich passte diese Ankunft zu dem Namen des Radmarathons: »Den Store Styrkeprøvenden«. Dieses Rennen war einfach eine große Kraftprobe.

Beim Absteigen rief ich: »Alex, Zeit?«

»22 Stunden, 54 Minuten«, antwortete er ganz langsam, jede Silbe betonend. Eine Weile lang standen wir schweigend neben dem Tandem, unserem treuen Freund. Dann meinte Alex: »Wahnsinn, wir haben das echt hingekriegt. 540 Kilometer in unter 23 Stunden.« Wir hatten das Ziel um Punkt acht Uhr erreicht, eine Stunde früher als veranschlagt.

Es ist für mich immer wieder erstaunlich, wie die menschliche Leistungskraft funktioniert: Ich hatte vor dem Rennen nicht gewusst, ob ich es schaffen würde; auch nicht, wie gut und wie schnell wir sein würden. Die Vorstellung von diesem Ziel hatte mir übermäßige Kraft gegeben, mich vorangetrieben, motiviert und dafür gesorgt, dass mir der Regen, der mir beim Training in Deutschland noch so auf den Wecker gegangen war, in Norwegen nichts mehr ausmachte. Doch kaum waren wir angekommen, kam es mir vor, als hätte mir

jemand den Stecker gezogen und mich von der Energiever-
sorgung abgeschnitten.

Mein Fazit aus diesem Radmarathon: Für extreme (sportliche) Herausforderungen ist es nicht nur wichtig, ein konkretes Ziel zu haben und an den Erfolg zu glauben. Du
brauchst auch eine Durchhaltestrategie, an der du dich in
schlimmen Momenten orientieren und festhalten kannst. Ein
ganz entscheidender Aspekt war in diesem Zusammenhang
das Team. Alex und ich haben uns gegenseitig bestärkt, wenn
einem die Kraft ausging. War einer kraftlos oder schlecht
drauf, zog ihn der andere mit. Wir konnten uns gegenseitig
auf unsere Stärken verlassen und mussten nicht über die
Schwächen diskutieren.

Haltezone 4
Vertrauen trainieren

A Der Potenzial-Check

Wenn Du weiterkommen und etwas verändern willst in deinem Leben – sei es ein neuer Job, eine Umschulung, ein Jahr im Ausland –, birgt das immer ein gewisses Risiko, denn beim Überwinden der Grenzen holt man sich zwangsläufig die eine oder andere Blessur. Wer aus Angst davor, mit den eigenen Fehlern und Schwächen konfrontiert zu werden, keine Veränderung in Angriff nimmt, kann sein Potenzial nicht ausschöpfen. Wenn du die Schwäche einmal positiv betrachtest, steckt dahinter meist dein größtes Trainingspotenzial. Je intensiver du daran arbeitest, desto mehr kannst du deine Fähigkeiten ausbauen.

Eine Schwäche ist deshalb eine Grenze, deren Überwindung zwar Angst macht, sich aber am Ende immer lohnt. Denn die meisten Menschen sind unglaublich stolz, wenn sie eine Grenze überwunden haben. Indem du ein Wagnis eingehst und dabei die Verantwortung für dein Handeln übernimmst, beweist du dir, dass du mehr kannst, als du bisher angenommen hattest.

Gegen Blessuren jedweder Art gibt es aus meiner Sicht nur ein Rezept: Wenn du dir eine geholt hast, drück dir – gern auch gedanklich – einen Eisbeutel drauf und überlege, während der Schmerz nachlässt, was du das nächste Mal besser machen kannst. Danach rennst du weiter. Kommt ein neues Hindernis, geht das Spiel von vorn los: Wieder gehst du das Risiko ein, dir an einer anderen Stelle wehzutun. Dann hast du aber schon das Wissen aus der Situation davor – und damit hast du durch die Schwäche eine Stärke entwickelt. Deine Einstellung ist der Nährboden, auf dem du dein Potenzial entfalten und Selbstvertrauen entwickeln kannst. Die folgende Tabelle hilft dir beim Potenzial-Check.

Was ist deine Schwäche?	
Warum glaubst du, dass das eine Schwäche ist?	
Woran hindert dich deine Schwäche?	
Wer hat dir diese Schwäche bescheinigt?	
In welchen Situationen macht sich die Schwäche bemerkbar?	
Was hast du davon, wenn du nicht an der Schwäche arbeitest?	
Was musst du tun, damit aus der Schwäche eine Stärke (= Potenzial) wird?	
Was würde sich durch die Stärke in deinem Leben verändern?	

B Gemeinsam Grenzen verschieben

Ich sitze auf dem Tandem immer hinten und lenke nicht selbst, auch wenn ich das gern täte. Trotzdem möchte ich meine Ziele verfolgen und erreichen. Um das zu schaffen, ist es zwar egal, auf welcher Position ich sitze, doch nicht egal ist, wer mit mir auf dem Tandem fährt. Beim Tandem läuft die Trittleistung der Fahrer unabhängig von ihrer Stärke auf eine Synchronkette. Alle tragen mit ihrer Kraft zur Durchschnittsgeschwindigkeit und zur Gesamtleistung des Teams bei.

Damit ich meinem Team wirklich vertrauen kann, müssen die Rollen eindeutig definiert und verteilt sein. Jeder gibt das, was er am besten kann, und beeinflusst damit positiv die Gesamtleistung seines Teams. Mit Selbstvertrauen im Team arbeiten heißt:

- sich mit seinen Stärken und Schwächen auseinandersetzen;
- seine Position im Team kennen, akzeptieren oder verändern;
- die eigenen Bedürfnisse kennen und präzise formulieren;
- um Hilfe bitten und diese dann auch zulassen;
- andere so unterstützen, dass sie positiv bestärkt werden und sich entwickeln;
- sich über das Ziel einig sein und es konsequent verfolgen;
- die Erfolge im Team feiern.

Willst du deine Grenzen verschieben und deine Ziele aus Haltezone 2 erreichen? Dann suche dir ein vertrauenswürdiges Team. In der unten stehenden Synchronkette kannst du eintragen, wer mit dir auf dem imaginären Tandem sitzen soll. Anschließend benennst du in Stichworten die Fähigkeiten der einzelnen Fahrer, warum du ihm oder ihr vertraust, und weist ihnen einen Platz auf dem Tandem zu.

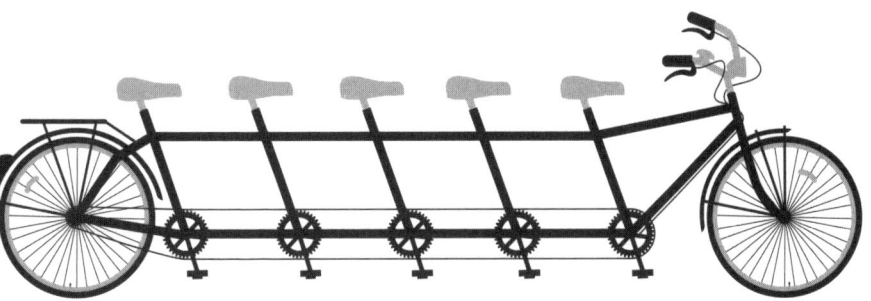

C Vertrauensfragen

Noch einmal zum Abschluss: Sich trauen – darum geht es bei der Beantwortung der Vertrauensfragen. Sie dienen dir als Starthilfe, um Veränderungen aktiv begegnen zu können. Geh das Wagnis ein, nach innen zu schauen und ehrlich zu antworten. Denn nur du selbst kannst die Kontrollinstanz auf deinem Weg zum Ziel sein, nur du selbst kannst deine Grenzen verschieben.

- Welchen Menschen vertraust du?
- Fällt es dir bei manchen Menschen schwer zu vertrauen? Und wenn ja, warum?
- Mit wem teilst du bereitwillig und gern dein Know-how?
- In welchen Situationen hast du Angst, dein Wissen preiszugeben, und weshalb?
- Wem in deiner Umgebung kannst du mit deinen Fähigkeiten eine hilfreiche Unterstützung sein?
- In welchen Lebensbereichen glaubst du, nicht so gut wie andere zu sein?
- Vom wem lässt du dich bereitwillig ans Sicherungsseil nehmen?
- In welchen Momenten fühlst du dich in deiner Bewegungsfreiheit eingeschränkt?
- Welche inneren Grenzen möchtest du verschieben?
- Mit welchen Menschen möchtest du auf dem Tandem durchs Büro, durch den nächsten sportlichen Wettkampf, durchs Leben fahren?
- Wer sitzt in welchen Momenten vorn und wer hinten?

Schluss
Die Tandem-Strategie

Seit Alex und ich vor zwei Jahren mit dem Tandem eine Feierabend-Runde auf den Pfänder, einen 1064 Meter hohen Berg bei Bregenz, unternommen haben, kann ich auch als Hintermann bremsen. Auf dem Rückweg schmorten uns in der Abfahrt nämlich die Bremsbeläge der Scheibenbremsen durch, weil es so steil nach unten ging. Alex konnte gerade noch abbremsen, doch dann mussten wir überlegen, wie wir heil nach unten kämen.

»O. k., wir fahren weiter«, sagte er. »Aber nimm bitte die Füße aus den Klickpedalen, damit du abspringen kannst, falls wir zu schnell werden.«

Obwohl wir wohlbehalten unten angekommen sind, baute Alex ein paar Tage später eine Felgenbremse ans Tandem, damit ich bei steilen Abfahrten von hinten mitbremsen kann. So können wir nun die Beläge der Scheibenbremsen entlasten. Mit dieser Sicherungsmöglichkeit übergab er mir mehr Kontrolle über das Tandem, auch wenn er nach wie vor die Hoheit über das Lenken und Schalten behält. Ich habe gewissermaßen Bremsprokura bekommen. Würde es mir bei einer Abfahrt jetzt zu schnell gehen, könnte ich bremsen und das Tandem sogar zum Stehen bringen. Weil ich Alex vertraue, nehme ich aber nur dann Einfluss auf die Geschwindigkeit, wenn wir das absprechen. Ich bremse mit, sobald der Pilot es mir sagt oder ich merke, dass er stark bremst und meine Unterstützung benötigt, doch ich bremse nicht einfach nach Belieben. Täte ich das, würde mein Vordermann im schlimmsten Falle die Kurve falsch ansteuern, weil er denkt, wir seien langsam genug. Und würde ich dann die Bremsen kurz vor der Kurve loslassen, würden wir beschleunigen und das Tandem bekäme eine Schubkraft, die der Pilot zwangsläufig unterschätzt hat. Das könnte dann richtig ins Auge gehen. Weil ich meine Aufgaben und meine Verantwortung kenne und akzeptiere, bremse ich nur, um meinen Vordermann zu entlasten.

Das Tandem ist die ideale Metapher für Teamarbeit, denn die Fahrer sind aneinander gebunden. Beide treten mit derselben Frequenz und beeinflussen mit ihrer Trittleistung die Gesamtgeschwindigkeit, weil ihre Pedale mit einer Synchronkette verbunden sind. Steigert der Vordermann seine Kraftanstrengung, drehen sich die Pedale schneller. Der Hintermann muss dann zwar mit derselben Frequenz treten, jedoch nicht unbedingt mehr Kraft einbringen. Und umgekehrt. Die Tiefpunkte des einen können vom anderen ausgeglichen werden. Dank des Tandems stehen die Schwächen des Einzelnen nicht permanent im Fokus, denn abgerechnet wird am Ende gemeinsam.

Die Konzentration auf die Schwächen ist bei Teamarbeit häufig ein Handicap, das eine Gruppe bremsen und sogar aufhalten kann. Natürlich ist es wichtig, über Schwächen zu sprechen, um sie in den Griff zu bekommen. Aber damit es vorwärts geht, braucht es nun mal die Stärken. Und idealerweise ist in einem Team die Schwäche des einen die Stärke eines anderen. Partner, die einander vertrauen, gehen mit Stärken und Schwächen offen um und respektieren die Leistung des anderen. Wenn jeder seine Stärken einsetzen und seine Schwächen zulassen kann, entsteht eine ausgleichende Wechselwirkung, die Reibungsverlust verhindert.

Die Tandem-Strategie eignet sich perfekt, um gemeinsam Grenzen zu verschieben. Denn wir alle hängen mehr oder weniger an einer Synchronkette – in der Arbeit, in der Familie, im Freundeskreis. In welchem Team auch immer: Jeder Einzelne muss sich bewusst sein, dass er auf Kosten und zum Nutzen aller handelt. Es ist entscheidend, dass jeder darauf achtet, gleichmäßig und im richtigen Rhythmus zu treten – und zwar ohne die anderen Teammitglieder ständig zu überprüfen. Diese Form der Kontrolle ist nicht fruchtbar, denn wir verschwenden unsere Energie damit, das Verhalten anderer zu kontrollieren, statt unser eigenes Tun zu hinterfragen. Steuert der Pilot des Tandems stets mit einem Auge auf den Hintermann, kann er sich nicht mehr auf die Straße konzentrieren, wodurch beide Gefahr laufen, gegen die Wand zu fahren. Leidet der Hintermann am Beifahrersyndrom und will dauernd den Kurs des Piloten mitbestimmen, muss er sich unweigerlich so stark zur Seite lehnen, dass das Rad zu kippen droht.

Wenn Alex und ich mit 70 Stundenkilometern einen Berg runterrasen, muss ich überzeugt davon sein, dass mein Pilot vorn keinen Fehler macht. Dabei hilft mir das Wissen, dass er selbst ja auch nicht unter die Räder kommen will. Vertrauen heißt für mich, daran zu glauben, dass der Andere die Verantwortung und die Fürsorge übernehmen möchte und sein Bestes geben wird. Vertrauen bedeutet auch, sich selbst zuzutrauen, Neuland zu betreten. Denn die eigenen Möglichkeiten sind schier unerschöpflich. Wer Vertrauen trainieren will, sollte sich fragen: Habe ich meine Schwächen zu Stärken gemacht und damit mein Potenzial ausgeschöpft? Gebe ich alles, was ich kann? Und glaube ich an meine Stärke und die Menschen, die mit mir verbunden sind?

2010 habe ich Neuland betreten und bin für AUDI als Co-Pilotin bei der Eifel Classic, einer Oldtimer-Rallye, gestartet. Meine Aufgabe bestand darin, dem zweifachen Deutschen Tourenwagen-Meister Harald Demuth mit einem Roadbook die Strecke anzusagen. Vor dem Start »beruhigte« mich Harald mit den Worten, er müsse sich bei jeder Rallye blind auf den, der neben ihm säße, verlassen: »Verena, die Konzentration des Piloten liegt auf der Straße. Ich fahre so lange geradeaus, bis mir der Beifahrer eine Streckenänderung ankündigt. Sind die mündlichen Anweisungen des Co-Piloten nicht korrekt, geht das Rennen schief, weil ich mich nicht auf alle möglichen Kurven vorbereiten kann. Dann kommen wir von der richtigen Strecke ab.«

Bei der Rallye waren für mich zum ersten Mal in einem Wettkampf die Rollen vertauscht: Im Auto neben Harald war ich auf einmal die Begleitläuferin, die ihm die Strecke ansagte. Meine Kommandos, die ich in Brailleschrift vom Roadbook ablas, hörten sich in etwa so an: »In 100 Metern kommt links eine Straße, in die biegen wir ein. 50 Meter weiter folgt ein Kreisverkehr, da nimmst du die erste Ausfahrt rechts. Dort machen wir eine Präzisionsaufgabe und müssen in 20 Sekunden 300 Meter fahren. Hoffentlich bist du beim Präzisionsfahren genauer als ich beim Schießen ...«

Ich hätte nie gedacht, dass ein Sehender bei einer Rallye auf eine Blinde vertrauen würde. Doch dieser Rollentausch hat perfekt funktioniert. Haralds Fahrkünste und meine Ansagen brachten uns schnell und sicher ans Ziel. Ich hatte durch die Rallye eine Grenze verschoben: Klar, auch Blinde können Begleitläufer sein und den richtigen Weg finden.

Die Konfrontation mit unseren Grenzen ist der einzige Weg, um sie zu verschieben. Nach meinem traumatischen Unfall fühlte ich mich wie auf null gesetzt. Da war das Vertrauen in mich und meine Sportpartner erst mal verloren. Bis dahin hatte ich alles ausprobiert und jeden Mist mitgemacht. Ob ich mit meinen Brüdern als Kind aufs Hausdach kletterte oder einen Bungeesprung vom Fernsehturm machte – nichts war mir zu schnell oder zu gefährlich. Ich hatte keine Probleme mit der Angst und kannte kein Stoppschild. Doch auf einmal wurde, was vorher eine spannende Herausforderung war, zum unüberwindlichen Hindernis.

Durch meinen Sturz ins Bachbett habe ich gelernt, die Angst bewusst wahrzunehmen und zu thematisieren. Damit habe ich meinen Mitmenschen die Chance gegeben, mir dabei zu helfen, die Ängste wieder loszuwerden. Das Vertrauen in mich selbst und in andere, das vorher ganz selbstverständlich war, musste ich in der Vorbereitung für Vancouver erst wieder aktivieren beziehungsweise neu lernen. Heute weiß ich, dass Vertrauen eine Fähigkeit ist, die man genauso trainieren kann wie Kraft und Ausdauer. Dieser Unfall hat mich besser gemacht, weil er mich zwang, alles, was ich bis dahin in meinem Leben gelernt und erfahren habe, wie im Zeitraffer innerhalb eines Jahres neu zu aktivieren und voll auszuschöpfen.

Die Paralympics 2010 wurden zu den »Bentelympics«, wie ein Journalist einmal schrieb, weil ich den unbedingten Willen hatte zu gewinnen. Und zwar nicht bloß, weil ich ehrgeizig bin oder weil mir der Sport und die Geschwindigkeit Spaß machten. Der Erfolg hatte eine tiefere Bedeutung für mich. Meine Entschlossenheit speiste sich aus der Erkenntnis, dass der Unfall, der in mir so viele Ängste und negative Energien ausgelöst hatte, nicht über mein gesamtes Leben bestimmen durfte. Das hätte ich als Niederlage, ja als Verlust verstanden. Ich wollte mich nicht unterkriegen lassen, auch wenn die Voraussetzungen für ein Comeback nach dem

Sturz in Nesselwang sicher nicht die besten gewesen sind. Die Erfahrungen von Vancouver haben mich gelehrt, dass man mit jedem Hindernis, das man überwindet, an Stärke gewinnt. Ist dieser Gewinn – das Vertrauen in sich selbst und andere – nicht der schönste Erfolg, den wir erreichen können?

Blindipedia – meine Sichtweisen von A bis Z

»Wie bewältigst du deinen Alltag?«

»Kannst du dir vorstellen, wie ich aussehe?«

»Wer sucht deine Klamotten und die Bilder an den Wänden deiner Wohnung aus?«

»In was verliebst du dich als Erstes bei einem Mann?«

»Wie sieht Grün für dich aus?«

Solche Fragen werden mir täglich gestellt. Deshalb habe ich im Folgenden die Themen aufgegriffen, die am häufigsten zur Sprache kommen.

Was die einzelnen Begriffe des Alphabets angeht, so lasse ich künstlerische Freiheit walten und strapaziere manche Buchstaben mehr als andere. Mein persönliches Ziel war es, auch etwas für X und Y zu finden.

Dieses Lexikon repräsentiert nicht »den Blinden«. Den gibt es genauso wenig wie »den Sehenden«. Es besteht kein Anspruch auf Vollständigkeit oder Allgemeingültigkeit. Ich vertraue dir hier meine ganz persönlichen Perspektiven an und wünsche dir viel Spaß mit Blindipedia.

Anfassen

In Filmen erkennt man Blinde oft nicht nur am Stock, sondern auch daran, dass sie ihre Finger als Augen benutzen. Sie stecken also nicht die Nase, sondern die Finger in anderer

175

Leute Angelegenheiten. Glaubst du, dass blinde Menschen beim ersten Kennenlernen das Gesicht ihres Gegenübers abtasten, um herauszufinden, wie er oder sie aussieht? Mir wird das bei Begegnungen mit Fremden immer wieder angeboten, angenommen habe ich dieses Angebot jedoch noch nie. Ich kenne keinen Blinden, der beim ersten Date den »Nasen-Check« macht. Ich betaste nur Menschen, denen ich so nahe komme wie du, lieber Leser, liebe Leserin, wenn du das Licht ausschaltest.

Manchmal fordern mich meine Freundinnen mit den Worten »Kuck mal, ich habe eine neue Frisur, fass mal an« auf, genauer »hinzuschauen«. Dann finde ich es natürlich spannend, die neuesten Trends der Mode und des Stylings hautnah zu begutachten.

Ansonsten sammle ich meine Eindrücke durch den Klang der Stimme, durch einen Händedruck, indem ich mich unterhake oder mit Hilfe von Beschreibungen meines Gegenübers oder von Freunden. Steht jemand direkt neben mir, höre ich, aus welcher Höhe die Stimme kommt, und kann so die Größe desjenigen einschätzen. Hohe Schuhe sind dann natürlich eine Mogelpackung. Oft fragen mich die Menschen bei der ersten Begegnung: »Welche Haarfarbe habe ich wohl?« Ob hell oder dunkel, kann ich nur raten. Statistisch gesehen liegt meine Trefferquote immerhin bei 50 Prozent.

⇨ siehe auch *Flirten* (Da könnte die Masche mit dem Anfassen ja vielleicht ganz hilfreich sein.)

Anziehen

Ja, ich ziehe mich selbst an. Niemand muss mir dabei helfen, in ein Kleid zu steigen und den Reißverschluss am Rücken zu schließen. Allerdings ist es immer wieder mal eine Heraus-

forderung herausfinden, was zusammenpasst. Mein Kleider-
schrank ist relativ gut geordnet, jedoch nicht so perfekt, wie
ich es gern hätte. Da geht es mir wie den meisten Frauen:
Mein Schrank ist einfach zu klein für meine Klamotten, und
trotzdem habe ich nichts anzuziehen. Um unterschiedliche
Farben oder Muster kombinieren zu können, muss ich mir
genau notieren, was zusammenpasst. Dafür habe ich auf meinem Computer eine Datei mit dem Titel »Anziehen« ange-
legt, die eine genaue Beschreibung diverser Outfits für jeden
Anlass enthält. Das liest ich dann etwa so: sportlich schick –
graue Hose mit Silberfäden, weißes Shirt mit Aufdruck, dazu
Leopardenschal, kombiniert mit grauem Jackett.

Eine Sache fällt mir allerdings immer noch schwer: Auf
welcher Seite binde ich meine Dirndlschürze?
⇨ siehe auch *Farben* und *Kleidung* und *Shoppen*

Assistent
Ich beschäftige abwechselnd zwei Assistenten, nette junge
Männer, die für alle Dinge zuständig sind, die ich nicht sehen
kann. Sie leihen mir gewissermaßen ihre Augen. Zum einen
sorgen sie dafür, dass ich bei meinen Vorträgen gut aussehe.
Ein gepflegtes Erscheinungsbild ist in meinem Beruf als Red-
nerin und Coach wichtig. Deshalb achten sie darauf, dass
meine Kleidung zusammenpasst und die Frisur sitzt. Ich
möchte nicht vor einer Gruppe von Menschen stehen und einen schwarzen Fleck von der Wimperntusche auf der Nase
haben. Zum anderen bereiten sie meine Unterlagen für Vorträge und Seminare auf und gestalten die Arbeitsmaterialien.
Bei Bühnenauftritten begleiten mich die Jungs nach oben
und achten darauf, dass ich mit hohen Schuhen nicht stolpe-
re. Die beiden wissen genau, was mir wichtig ist und was ich
brauche, um mich sicher und wohl zu fühlen. Je klarer meine

Anweisungen sind, desto gezielter ist ihre Unterstützung. Auf Vorträgen sagen vor allem Frauen, dass sie sich auch einen Jan oder einen Tommi als Begleitung wünschen würden.

⇨ siehe auch *Ordnung*

Blickkontakt

In manchen Situationen finde ich es ärgerlich, dass ich keinen Blickkontakt aufnehmen kann. Will ich zum Beispiel in einer Besprechung einem Kollegen ein Signal quer über den Tisch geben, müsste ich ihm theoretisch gegen das Schienbein treten, um seine Aufmerksamkeit auf mich zu lenken. Alles, was hör- und fühlbar ist, bedarf keiner Blicke. Eine Stimme verrät Emotionen genauso wie der Blick. Und ein Gähnen sagt mir, dass mein Sitznachbar den Kinofilm nicht so spannend findet. Alles, was jedoch außerhalb meiner Hör- beziehungsweise Fühlweite passiert, entgeht mir. Ich glaube, dass Blicke so unglaublich praktisch sind, weil sie Distanzen überbrücken können und eine Art nonverbale Kommunikation ermöglichen, aus der ich nun mal ausgeschlossen bin. Deshalb muss ich mir anders behelfen: Ich muss immer erst eine gewisse Nähe herstellen, um mich mitteilen zu können.

Vor ein paar Jahren war ich mal auf einem etwas langweiligen Fest. Um der Monotonie ein Ende zu machen, sagte ich zu meiner Begleitung: »Das ist so fad hier, wollen wir nicht endlich verschwinden?« Was ich nicht gesehen habe: Direkt hinter meiner Begleitung stand der Gastgeber, der alles hörte.

⇨ siehe auch *Flirten*

Blindenstock

Der Blindenstock ist für mich eine Art Fortbewegungsmittel, er ersetzt mir das Rad, das Auto oder die Pferdekutsche. Ich nehme meinen Stock täglich mehrmals in die Hand und pendle vor meinem Körper in kleinen Bewegungen von rechts nach links. Meist gleitet die Kugel, die sich am Ende des Stocks befindet, sanft über den Boden. So merke ich sofort, wenn sich der Untergrund verändert und ich vom Gehweg auf die Straße oder in die Nähe einer Hauswand komme. Zudem wird das Geräusch, das der Stock dabei macht, von Wänden, Toreinfahrten oder Bäumen zurückgeworfen. An der Veränderung des Tons höre ich, was sich neben mir befindet. Am Hall erkenne ich eine Einfahrt, Hecken rascheln beim kleinsten Windstoß, und Hauswände klingen tief und dumpf.

Sobald ich mit der Spitze des Stocks an Hindernisse stoße, kann ich einen Zusammenstoß vermeiden. Neulich bin ich mit dem Stock so heftig an ein Gerüst gestoßen, dass er in der Mitte auseinanderbrach. An ein Fortkommen ohne Stock, inmitten einer Baustelle, war nicht zu denken. Also rief ich ein Taxi und ließ mich zu meiner Wohnung fahren, um einen Ersatzstock zu holen.

»Warum hat die Frau einen Stock«, höre ich manchmal kleine Kinder ihre Eltern fragen. Statt ihnen genau zu erklären, was sie sehen, sagen sie meist nur: »Psst.« Wenn ich nah genug an den Passanten bin, erkläre ich es dem Kind dann: »Weil ich nichts sehe, habe ich einen Stock, um mich bewegen zu können. An dem weißen langen Stock kannst du immer erkennen, dass jemand nichts sieht.«

Blindenstöcke gibt es in unterschiedlichen Ausfertigungen: zum Zusammenklappen, zum Zusammenschieben oder Auseinanderziehen, mit Holz- oder Kunststoffgriff, mit einer Kugel an der Spitze, die sich dreht, oder auch mit einer unbeweglichen Kugel …

Ich persönlich bevorzuge die Klappversion, die ich schnell in der Handtasche verstauen kann. Mein »Blindenauto«

parkt dann in seiner Garage, das ist eine Stoffhülle, die meine Handtasche vor der schmutzigen Spitze des Stocks schützt. Im Gegensatz zu meinem Pony habe ich dem Stock keinen Namen geben. Ich muss so oft ein neues Exemplar anschaffen, dass mir die vielen Abschiede das Herz brechen würden.
⇨ siehe auch *Mobilitätstraining* und *Verkehr*

Brailleschrift
Texte in der Brailleschrift zu lesen ist eine Art Massage für die Fingerspitzen. Denn diese Schrift für Blinde und stark Sehbeeinträchtigte besteht aus sechs Pünktchen, die in unterschiedlicher Kombination die Buchstaben des Alphabets ergeben. Sie wird von hinten aufs Papier gestanzt, so dass ich die einzelnen Buchstaben als kleine runde Erhöhungen erfühlen kann. Die Blindenschrift ist für mich heute trotz neuer Technologien wie das Sprachprogramm auf dem Computer oder das sprechende Handy sehr wichtig, um Gegenstände zu kennzeichnen. Ohne Beschriftung würde ich sonst vielleicht zur falschen Flasche greifen und mir mit der Bodylotion die Haare waschen oder dem Steuerberater versehentlich einen Liebesbrief schicken. Für meine Vorträge beschrifte ich meine Karteikarten mit einer sogenannten Punktschriftmaschine mit diesem System. Auf diese Weise kann ich meine Stichworte ganz unauffällig mit den Fingern lesen und währenddessen in Richtung der Zuhörer schauen. Sehr praktisch!
⇨ siehe auch *Computer* und *Handy*

Bahnsteig
Am Bahnhof oder in der U-Bahn gibt es immer öfter am Bahnsteigrand einen schmalen Streifen mit kleinen Erhöhungen, an denen sich Blinde orientieren können. Für Sehende ist diese Markierung nicht relevant, für mich ist sie le-

benswichtig, weil ich mit meinem Stock sofort merke, wenn ich zu dicht am Abgrund stehe. Während ich an dem Streifen den Bahnsteig entlanggehe, kommt es öfter mal zu Kollisionen mit anderen Fahrgästen, die ahnungslos auf dieser Leitlinie stehen und auf ihre Bahn warten. Ich entschuldige mich an dieser Stelle bei allen, die ich schon einmal umgerannt habe.

Blindenhund

Ein Blindenhund ist bei meinem Lebensstil nicht ratsam. Mein Tempo und das viele Reisen wären zu anstrengend für den Vierbeiner. Joggen könnte man dem Hund möglicherweise noch beibringen, aber wie soll er mir als Begleitläufer die Kommandos auf der Loipe geben: einmal »Wuff« links, zweimal »Wuff« rechts?

Coach

Ich wurde schon oft gefragt, ob mir bei der Arbeit als Coach nicht der visuelle Eindruck meiner Klienten fehle. Tatsächlich kann ich mir kein Urteil aufgrund von Kleidung, Frisur oder Gesichtsausdruck bilden. Das hat aber auch einen Vorteil: Ich lasse mich nicht von optischen Vorurteilen leiten. Deshalb finde ich es gut, dass ich nur »sehen« kann, was ich höre. Die Stimme ist für ein geübtes Ohr genauso ein Wahrnehmungsbarometer wie die Augen, der Gesichtsausdruck oder die Körperhaltung. Meine Trainingsmethoden bauen auf meinen Wahrnehmungskompetenzen auf: Ich achte zum Beispiel genau darauf, in welcher Tonlage der Coachee spricht, wie wichtig er manche Details durch eine besondere Betonung macht und wie schnell oder langsam er an bestimmten Stellen wird. Darüber hinaus kann ich ihn oder sie für meine Art der Wahrnehmung sensibilisieren. Denn je genauer wir wahrnehmen, desto besser verstehen wir uns selbst und andere.

Computer

Der Computer ist das wichtigste Kommunikationsmittel unserer Zeit, das gilt auch für Menschen, die nichts sehen. Auf meinem Laptop ist ein sogenannter Screenreader installiert, ein Programm, das mir den gesamten Inhalt des Bildschirms vorliest. Die Bedienung funktioniert über die Tastatur, mit dem klassischen Zehn-Finger-System, das ich im wahrsten Sinne des Wortes blind beherrsche. Bis auf Abbildungen und Fotos macht das Programm alles für mich hörbar, von selbstverfassten Texten und Menüfunktionen über E-Mails bis hin zu den Inhalten von Websites. Zusätzlich kann ich eine sogenannte Braillezeile anschließen, das ist ein Gerät, mit dem sich Computertexte in Blindenschrift lesen lassen.

Wenn es Probleme zwischen meinem Computer und mir gibt, liegt das meistens an mir. Sobald er merkt, dass ich wieder mal zu ungeduldig bin oder nebenher noch drei andere Sachen mache, stellt er jegliche Kommunikation ein und »hängt sich auf«.

⇨ siehe auch *Brailleschrift* und *Handy*

Dunkelheit

Da ich hell und dunkel wahrnehmen kann, mache ich zu Hause abends das Licht an. Ich mag und brauche Licht und Sonne ebenso wie sehende Menschen. Die Reize, die meine Augen durch Licht empfangen, können auch positive Gefühle auslösen. Eine Kerze ist für mich zum Beispiel ein Zeichen von Gemütlichkeit, und das Licht über meinem Esstisch macht meine Wohnung lebendiger. Dank meiner Hell-Dunkel-Wahrnehmung wird meine Stromrechnung nicht über-

182

mäßig strapaziert, denn ich schalte vor dem Schlafengehen das Licht aus. Um mich zurechtzufinden, ist Licht jedoch nicht notwendig. Deshalb mache ich beispielsweise bei meinen Eltern kein Licht an, wenn ich mir abends ein Wasser aus der Küche hole. Meine Eltern erschrecken sich bis heute, wenn sie in einen dunklen Raum kommen und es irgendwo raschelt.

Duft

Wie viele Frauen habe ich eine feine Nase und liebe schöne Düfte. An einem Mann fällt mir nach dem Klang seiner Stimme als Erstes sein Geruch auf. Als Kinder erschnüffelten mein Bruder Michael und ich öfters, wer bei uns zu Hause zu Besuch war. Wir streckten die Nase in die Luft und sagten dann: »Ach, da ist der Onkel Berthold.« Das ist der jüngere Bruder unseres Vaters, der immer nach Sägespänen und Holz roch, weil er als Zimmermann arbeitete. Das Schnüffeln habe ich mir aber bald darauf abgewöhnt. Denn für andere Menschen ist es doch etwas befremdlich, wenn sie das Gefühl vermittelt bekommen, dass ich sie nicht riechen kann.

Ich nehme einen Menschen wie gesagt über seine Stimme und seinen Händedruck wahr, der Geruch kommt dann als weitere Komponente hinzu. All diese Sinneseindrücke formen das Bild, das ich mir von einem Menschen mache. Aber man könnte natürlich sagen, dass ich mich eher in einen Mann »verrieche« als vergucke.

Essen

Ich muss zugeben, dass es für mich eine echte Herausforderung darstellt, einen halben Pfirsich, der mit der Wölbung nach oben auf dem Teller liegt, mit einem kleinen Löffel zu essen. Das kann schon mal zu einer kleinen Katastrophe führen. Erwische ich die Frucht nicht richtig, entwischt sie mir oder landet schlimmstenfalls auf dem Hemd meines Gegenübers. Ebenso abenteuerlich ist es, Fisch zu essen, wenn er Gräten hat. Einmal saß ich bei einem sehr förmlichen Geschäftsessen mit zehn Leuten an einer langen Tafel. Es war ein wunderschöner Sommerabend am Meer. Wir bekamen alle das gleiche Essen serviert. Als Hauptgang gab es Lachssteak. Das Entgräten eines Fischs bei Tisch ist für einen blinden Feinschmecker schier unmöglich. Nach dem ersten Bissen kämpfte ich – die Serviette vor dem Mund – mit dem Wirbeltier. Salat zu essen ist ebenfalls keine leichte Aufgabe, wenn große Blätter obenauf liegen, die sich nie »unfallfrei« zerschneiden lassen. Ganz zu schweigen von den Risiken und Nebenwirkungen einer Cocktailtomate. Ach ja, und da wären ja noch Spaghetti mit Tomatensauce … Aber die sind auch für sehende Menschen ein Wagnis, oder? Meine Devise im Restaurant lautet: Ich bestelle nur, was sich unkompliziert verspeisen lässt und mein eigenes Outfit oder das meiner Tischgesellschaft nicht gefährdet. Bediene ich mich im Hotel oder auf Veranstaltungen an einem Buffet, bin ich auf die Beschreibung meiner Begleiter angewiesen. Spannend wird die Auswahl beispielsweise, wenn es Blätterteigtaschen gibt. Da ich kein Fleisch esse, spielt es eine nicht unerhebliche Rolle, ob sie mit Tomaten oder Rind gefüllt sind.

Einmal platzierte eine Bekannte Muscheln neben Milchreis auf meinem Teller. Das süß-salzige Ergebnis, das ich gleich mit der ersten Gabel im Mund hatte, war eine ungenießbare Kombination. Deshalb gehe ich immer mit ans Buffet und sage genau, was ich möchte.

⇨ siehe auch *Einkaufen* und *Faules Obst* und *Joghurt*

Erklärungen

Dinge, die sich außerhalb meiner Fühlweite befinden, muss ich mir erklären lassen: den Sternenhimmel, Kunstwerke im Museum, Fotografien, einen Sonnenuntergang etc. Die Schwierigkeit dabei ist, dass es keine Erklärung ohne Interpretation gibt. Das muss ich berücksichtigen, etwa wenn meine Freundin mir den aus ihrer Sicht gut aussehenden Typen neben mir an der Bar beschreibt. Deshalb frage ich mich immer auch: Warum, wie und mit welchen Worten erklärt mir jemand einen Sachverhalt? Ist die Freundin Single, beurteilt sie den Kerl vielleicht danach, ob er ihrem Beuteschema entspricht.

Jeder Mensch macht sich sein eigenes Bild von der Welt. Wir haben alle einen unterschiedlichen Blickwinkel, denn jedem von uns sind andere Details wichtig. Das gilt auch für mich: Da ich selbst vieles durch Hören, Riechen und Fühlen wahrnehme, mache ich mir ebenfalls ein eigenes Bild von der Welt. Und das, was ich selbst nicht erfassen kann, lasse ich mir oft von verschiedenen Betrachtern erklären. Mit Hilfe eines möglichst breiten Spektrums von individuellen Sichtweisen kann ich schließlich ein Bild zusammensetzen. Dabei muss ich aber immer abwägen, auf wessen Urteil ich mich verlassen will. Ein Beispiel: Als ich mich für eine Coverversion dieses Buches entscheiden sollte, holte ich zunächst mindestens zehn Meinungen ein. Am Ende war ich verunsichert, weil jedem Betrachter ein anderes Bild gefiel. Die folgenden Fragen halfen mir, zu einer eigenen Meinung zu finden: Welchen persönlichen Background hat der Befragte? Wie will mich der jeweilige Betrachter sehen? Welches Statement ist für das Buch hilfreich und wichtig? Wie lang und wie gut kennt mich der andere? Am Ende habe ich den Beratern vertraut, die ihre Meinung gut begründen konnten und zudem zum Ausdruck gebracht haben, dass ihr Bauchgefühl bei der Auswahl eine Rolle spielte.

Einkaufen

Im Supermarkt komme ich am besten klar, wenn ich Unterstützung bei der Produktauswahl bekomme. Deshalb gehe ich als Erstes an die Kasse und frage, ob mir einer der Verkäufer helfen könne. Dann gehen wir gemeinsam durch den Laden, und ich sage bei jeder Abteilung, was ich benötige: »Ich brauche eine Salatgurke, Tomaten, Milch, Butter und Frischkäse, eine Flasche Saft … So, und jetzt können wir zur Kasse gehen.«

Natürlich wäre es in solchen Situationen sehr praktisch, sehen zu können. Dann müsste ich nicht warten, bis mir geholfen wird, hätte eine größere Auswahl vor Augen, könnte auch mal die Angebote oder Neuheiten entdecken und wäre meinem Lebenstempo entsprechend schneller fertig. Da ich aber nicht ständig Pasta oder Pizza bestellen möchte, ist Beratung die einzige Alternative. Beim Einkauf von Klamotten oder Möbeln nehme ich allerdings immer Berater mit, die ich gut kenne. Denn wer möchte schon einen Schrank kaufen, der nicht zu den restlichen Möbeln der Wohnung passt. Ich habe für jeden Einkauf einen besonderen Experten. Der Mitarbeiter des Supermarktes um die Ecke, der mich gut kennt, sagt mittlerweile immer, wenn er die gewünschten Gemüsesorten auch als Bioprodukt hat. Er weist mich auch darauf hin, wenn meine Lieblingsschokolade im Angebot ist.
⇨ siehe auch *Essen* und *Faules Obst*

Fahrradfahren

Meine Eltern ließen mich als Kind auf unserem Bauernhof allein radeln, weil ich das Terrain kannte und gelernt hatte, die Hindernisse zu hören. In der Stadt ist das Radfahren für mich zu gefährlich. Deshalb bleibt mir nur der Hometrainer morgens um sechs in meiner Wohnung oder die U-Bahn, wenn ich beispielsweise zu einem Termin muss. Im Sommer sind die Fahrten im Untergrund allerdings eine ziemliche Überwindung, da fehlt definitiv der Fahrtwind. Weil ich aber nur mit einem Tandem unterwegs sein kann, brauche ich wohl irgendwann einen Chauffeur … Um beim Fahren einen Trainingseffekt zu erzielen, müsste er nur sicher lenken und könnte das Treten mir überlassen.

⇨ siehe auch *Klicksonar*

Farben

»Was ist deine Lieblingsfarbe?« Diese Frage stellen mir alle kleinen Kinder, die mir zum ersten Mal begegnen. »Ich mag Grün«, lautet meine Antwort. Da ich von Geburt an blind bin, habe ich keine herkömmliche Vorstellung von Farben. Ich verbinde Farben mit Dingen, die ich sehen, fühlen oder riechen kann. Ich mag Grün, weil ich die Farbe immer mit Leben verbinde. Eine Wiese steht für Grün. Bei Rot denke ich eher an Feuer und bei Gelb an die Sonne. Ich liebe Farben, denn sie sind eine Form des Gefühlsausdrucks – auch für mich! Ein knalliger Pulli in Pink im Winter oder ein Schal in einem frischen Grün an einem grauen Herbsttag gibt mir Energie und ein schönes Gefühl. Ich kann gut mit meiner persönlichen Vorstellungskraft von Farben leben.

Natürlich muss ich mich beraten lassen, um passende Klamotten zu finden oder die Wände meiner Wohnung bunt zu streichen. Im Alltag hole ich mir eine Art Sehhilfe, beispielsweise beim Anziehen: mein hilfreiches Farberkennungsgerät. Das halte ich an ein Kleidungsstück, drücke einen Knopf, und schon sagt mir eine Stimme, ob ich gerade ein grünes oder ein rotes Shirt in der Hand halte. Leider hat dieses Teil so seine Schwierigkeiten mit Trendfarben wie zartem Mintgrün oder Hellgrau. Dann kommt die Stimme gern mal zu dem Schluss, dass das jeweilige Kleidungsstück grün oder weiß sei. Im Großen und Ganzen ist das Farberkennungsgerät jedoch sehr verlässlich und so etwas wie mein Hausfrauenauge. Ich sortiere mit diesem nützlichen Helfer meine Wäsche und vermeide in der Regel, dass sich die weißen Shirts und das kleine Schwarze in der Maschine begegnen.

Flirten

Klar flirte ich gern, nur eben etwas anders. Ein Lächeln oder ein Augenzwinkern ist bei mir vergebene Liebesmüh. Wenn beim ersten Kennenlernen der Blickkontakt fehlt und A wie *Anfassen* nicht geht, bleibt nur: Talk Talk Talk. Kluge, schlagfertige oder neckische Bemerkungen bauen schnell Nähe auf. Und anschließend kann ich mich in den gut trainierten Körper, der zu dem Kerl gehört, vergucken. Neulich abends war ich mit der Freundin meines Bruders aus. Als wir durch eine Kneipe liefen, sagte sie: »Mensch, die Jungs hier schauen dir aber ganz schön hinterher. Blonde Haare und hohe Schuhe sind einfach eine super Kombi.« Diese Chancen entgehen mir komplett. Ein Flirtangebot ohne Ansage bekomme ich nicht mit. Da bleibt nur: Entweder macht Monsieur sich durch Komplimente oder einen guten Witz bemerkbar, oder eine Freundin weist mich auf die fremden Blicke hin.

Ich werde oft gefragt, ob ich mich überhaupt freuen würde, wenn ein Mann mir bei einem Date Blumen schenkt. Natürlich, denn ich kann sie riechen, anfassen und als Dekoration aufstellen. Allerdings wären mir besondere Kaffeebohnen lieber als Blumen. Aber um das zu wissen, muss mich ein Mann schon etwas besser kennen.

Fazit: Flirten macht Spaß. Und Spaß habe ich dann, wenn mein männliches Gegenüber sich auf mich einlässt und einen Zugang zu mir findet. Lachen ist für mich so ein Zugang, der besser funktioniert als jedes Zwinkern – aber das geht vermutlich allen Frauen so.
⇨ siehe auch *Blickkontakt*

Faules Obst

Obst und Gemüse muss ich anfassen, um herauszufinden, ob es noch genießbar ist. Manchmal schmeiße ich lieber etwas weg, wenn ich nicht sicher bin. Im Supermarkt kaufe ich gelegentlich auch einmal eine Packung Tomaten, in der schon eine faul ist. Das ist ärgerlich, passiert aber auch sehenden Kunden, oder? Deshalb kaufe ich lieber offenes Obst und Gemüse, weil ich das in die Hand nehmen und die Konsistenz erfühlen kann. Neulich war ich bei einer Freundin zu Besuch. Wir wollten uns ein Päckchen Grießbrei machen. Als sie die Tüte aufriss, schrie sie: »Igitt, da krabbelt es ja.« In solchen Situationen denke ich dann immer: ›Na toll, ich hätte das nicht mitbekommen und den Grießbrei als Vegetarierin samt Fleischeinlage verschlungen.‹
⇨ siehe auch *Einkaufen* und *Essen* und *Joghurt*

Fernsehen

Ich sehe oder besser gesagt höre fern – und zwar alles Mögliche: Nachrichten, Spielfilme, Dokumentationen, Shows und natürlich Sport. Bisher verfügt nur ein Bruchteil der Sendungen und Fernsehfilme über eine verbale Filmbeschreibung, die sogenannte Audiodeskription. Diese Filme sind für mich ein ganzheitliches Filmerlebnis, das ich sonst nicht habe. Actionfilme ohne Filmbeschreibung langweilen mich eher, weil ich nicht sehe, wie James Bond in einer waghalsigen Aktion von einem fahrenden Auto in ein anderes klettert. Frauenfilme hingegen kann ich auch ohne Deskription gut verfolgen. Da wird zum einen mehr geredet, und zum anderen höre ich, wenn die Protagonisten sich küssen, durch die Stille die Romantik.

⇨ siehe auch *Kino* und *Radio*

Geld

Die einzelnen Euro-Münzen erkenne ich gut an den Rändern. Die Zwei-Euro-Münze hat einen fein geriffelten Rand, die 50-Cent-Münze ist hingegen grob geriffelt. Die 10-Cent-Münze fühlt sich genauso an am Rand wie die 50-Cent-Münze, ist jedoch deutlich kleiner.

Die Scheine kann ich auseinanderhalten, weil sie unterschiedlich breit sind. Eigentlich sollten sie eine fühlbare Markierung haben, die konnte ich jedoch bisher noch nicht entdecken, weil die Scheine meist so zerknittert sind, dass man nichts mehr fühlen kann. Manche Blinde halten die Scheine auseinander, indem sie sie unterschiedlich falten. Ich bin keine sehr talentierte Origamikünstlerin, deshalb ordne ich die Scheine anhand ihrer Breite. Außerdem merke ich mir, wie viel und welches Geld ich im Portemonnaie habe. Die meisten Menschen sind übrigens sehr ehrlich beim Herausgeben. Ich habe bisher kaum schlechte Erfahrungen gemacht.

Handy

Mobiltelefone sind für mich genauso unverzichtbar wie für Sehende. Inzwischen habe ich ein Handy mit Touchscreen. Ja, selbst das geht. Das Gerät selbst könnte jeder andere Nutzer ebenso verwenden. Ich habe darauf eine Sprachausgabe aktiviert, so dass mir alle Bildschirminhalte vorgelesen werden. Tippe ich auf den Bildschirm, so liest das Handy: »Kontakte«. Dann weiß ich, dass ich nach rechts wischen muss, um zur nächsten Seite zu kommen, wo sich mein Kalender befindet. Erst wenn ich einen Doppelklick mache, wird die Funktion aktiviert. Suche ich beispielsweise den Wecker, so weiß ich ungefähr, auf welcher Höhe des Ausgangsbildschirms ich tippen muss. Bin ich aus Versehen auf dem Kalender und nicht auf dem Wecker gelandet, so wische ich mit dem Finger nach links oder rechts und komme so zum richtigen Feld.

Das Handy macht mich ein Stück weit unabhängiger. Stehe ich beispielsweise am Bahnhof und muss schauen, wo mein Anschlusszug fährt, so kann ich nicht einfach zur nächsten Anzeige laufen. Ohne Handy müsste ich mich an der Schlange vor der Information anstellen oder andere Reisende fragen. Mit Hilfe der Technik habe ich jedoch die Möglichkeit, im Internet einfach selbst die nächste Verbindung herauszusuchen. Der Blindenvorteil: Mein Akku läuft länger, weil ich den Bildschirm ausschalten kann. So können übrigens auch meine Sitznachbarn in der Bahn meine Nachrichten nicht mitlesen.

⇨ siehe auch *Computer*

Hören

Blinde hören nicht besser, sie hören vielleicht einfach nur besser zu. Machen wir mal einen schnellen Test: Schließ die Augen und konzentrier dich zehn Sekunden auf alle Umgebungslaute. – Du wirst feststellen, dass du mit etwas Konzentration viele Geräusche ganz deutlich unterscheiden kannst. Bei Sehenden dominieren die Augen die Wahrnehmung, weil sie ein riesiges Spektrum und eine große Reichweite haben sowie eine hohe Präzision aufweisen. Ich kann zum Beispiel nicht hören, was für eine Jacke die Frau trägt, die im Café am Nebentisch sitzt. Was ich aber hören kann, ist, dass ihr Akzent so klingt, als käme sie aus meiner Heimatstadt.

Die meisten Menschen haben ein visuelles Bild von ihrer Umgebung. Ich hingegen habe eine akustische Vorstellung davon, das heißt, ich orientiere mich an Geräuschen und versuche sie meinen bekannten Parametern zuzuordnen. Im Kaufhaus höre ich an der Lüftung, wo sich der Ausgang befindet, und am Summen die Rolltreppen.

Fazit: Hören kann man trainieren. Das zeigt sich übrigens auch an dem Sprachprogramm auf meinem Computer. Die Sprechgeschwindigkeit der Computerstimme ist deutlich höher als im normalen Gespräch. Hört ein ungeübtes Ohr das zum ersten Mal, klingt das wie ein Wortsalat oder Chinesisch.

⇨ siehe auch *Sehen*

Joghurt

In meinem Kühlschrank steht der Joghurt neben der Marmelade und dem Frischkäse. Vor dem Verzehr muss ich immer aufpassen wegen des Haltbarkeitsdatums, das ich nicht lesen kann. Meist weiß ich, wann ich etwas gekauft habe, und kann daraus schließen, ob ein Produkt noch haltbar ist. Wenn ich jedoch mal ganz hinten im Kühlschrank einen Joghurt wochenlang vergessen habe, wird es schwierig. Meist mache ich in diesem Fall erst einen Geruchstest oder berühre mit der Fingerspitze leicht die Oberfläche, um zu prüfen, ob sich die Konsistenz wie gewohnt anfühlt oder der Joghurt bereits mit einer wässrigen oder flauschigen Schicht bedeckt ist. Bin ich nach wie vor unsicher, probiere ich ein wenig mit einem kleinen Löffel. Hilft das alles nichts, klingle ich auch schon mal bei meinen Nachbarn, um zu fragen, ob das Produkt noch genießbar ist. Sind die Nachbarn nicht da, bleibt mir nichts anderes, als den Speiseplan zu ändern. Manchmal inspiziere

ich den Inhalt meines Kühlschranks mit Freunden, die zu
Besuch kommen. Denn wer will sich schon statt leckerer
Himbeeren wild gewordene Bakterien zu Gemüte führen ...
⇨ siehe auch *Essen* und *Faules Obst*

Kino

Ich gehe gern und oft ins Kino. Natürlich nicht allein, sondern mit Freunden, die mir gewissermaßen als »Live-Audio-
deskriptoren« an manchen Stellen erklären, was auf der
Leinwand passiert. Das sollten sie selbstverständlich leise tun,
damit man uns nicht aus dem Kino wirft. Die Aufgabenstel-
lung lautet: Wir müssen weniger Lärm machen als der Ne-
benmann mit seinem Popcorn.

Ehrlich gesagt muss ich mir aber gut überlegen, welche
Filme ich anschaue, um nicht für ein Nickerchen zu bezahlen. Neulich war ich in einem pakistanischen Film mit englischen Untertiteln – eine echte Herausforderung für meinen
Begleiter! Nach einer halben Stunde empfahl ich ihm, den
Film still zu genießen, und fiel in den Schlaf der Gerechten.
⇨ siehe auch *Fernsehen* und *Radio*

Kleidung

Blinde Menschen bewegen sich in einer visuell geprägten
Welt. Deshalb ist es mir wichtig, mich auch für die Augen der
anderen gut anzuziehen. Ich fühle mich außerdem viel woh-
ler, wenn ich weiß, dass meine Kleidung modisch ist, zu mir
passt und dem Anlass entspricht. Ich möchte nicht, dass meine Mitmenschen denken: ›Was hat die denn an? Hat die keine Augen im Kopf?‹

Das Thema Kleidung habe ich für mich gelöst, indem ich
beim Einkauf und bei der Zusammenstellung meiner Garde-
robe eine Stilberaterin engagiere. Sie gibt mir ein ebenso

kompetentes wie objektives Feedback und unterstützt mich dabei, mich wohl in meiner Haut und Hülle zu fühlen. Um ihr ein Gefühl für meine Bedürfnisse zu vermitteln, erkläre ich ihr ganz genau, was ich mag und wie ich wirken will. Diese Informationen gleichen wir dann mit dem ab, was mir gut steht. Ich liebe sportliche Klamotten, deshalb sucht Ulla, die Stilberaterin, auf meinen Wunsch oft Hosen für mich aus. Der Zusatznutzen dieser Beratung ist, dass ich durch ihre Tipps mutiger werde und auch mal ein Kleid und hohe Schuhe trage. Auch diese Outfits gehören inzwischen zu meinem Stil.

⇨ siehe auch *Anziehen* und *Shoppen*

Klicksonar
Auch Blinde können sich durchs Leben bewegen, ohne dauernd gegen etwas zu laufen. Die Technik der aktiven Echoortung, auch Klicksonar genannt, hilft dabei, sich ein besseres Bild von der Umgebung zu machen. Am besten funktioniert das, wenn man mit der Zunge einen Klicklaut erzeugt, der als Schall zurückkommt. An diesem Echo, das die Oberflächen aus der Umgebung zurückwerfen, lässt sich die Entfernung von Gegenständen und Hindernissen, die im Weg stehen, bestimmen. Man kann Schallwellen natürlich auch durch Sprechen, so wie mein Bruder und ich es als Kinder beim Spielen machten, oder durch Fingerschnipsen erzeugen. Allerdings ist das Zungenschnalzen am besten zu hören, weil das Geräusch sehr klar ist und nah am Ohr erzeugt wird. Daniel Kish, ein Amerikaner, der aufgrund einer Erkrankung mit 13 Monaten erblindete, entwickelte die Technik der Echoortung weiter und lehrt sie mittlerweile weltweit. Kish beherrscht Klicksonar so gut, dass er sogar mitten im Verkehr Fahrrad fahren kann. Für mich ist die Technik der

Echoortung unverzichtbar und eine gute Unterstützung in Kombination mit dem Blindenstock. Ich klicke allerdings nicht immer mit der Zunge. Denn auch der Klang meines Stocks auf dem Boden gibt mir eine Schallrückmeldung, ebenso wie das Klacken meiner Absätze.

⇨ siehe auch *Fahrradfahren*

Körpersprache

Die Körpersprache anderer Menschen nehme ich nur wahr, wenn die Bewegungen in meiner unmittelbaren Nähe stattfinden oder durch Geräusche, etwa klappernde Armreifen, begleitet werden. Sind Menschen sehr verkrampft, kann ich das spüren, wenn ich mich bei ihnen einhake. Beim Laufen ist es mir am liebsten, wenn mein Begleiter den Arm locker hängen lässt. Eine meiner Freundinnen hielt, als wir uns kennenlernten, den Arm immer ganz stark angewinkelt, sobald ich mich einhakte. Das signalisiert mir sofort eine gewisse Unsicherheit beim Führen.

Viele Menschen haben körpersprachliche Eigenheiten, die man hören kann: Die einen klopfen ständig mit der Hand auf den Tisch, die anderen wirbeln beim Sprechen mit den Händen herum, wieder andere spielen mit den Haaren oder fassen sich selbst im Gesicht an. Das alles kann ich zwar nicht sehen, aber ich höre es.

Blinden Menschen fällt es schwer, eine gezielte körperliche Ausdrucksform zu entwickeln. Auch wenn man vieles intuitiv richtig macht, buche ich doch regelmäßig eine Präsentationstrainerin, die mir Rückmeldungen und Anregungen zur Wirkung meiner Körpersprache gibt.

Sehende Menschen nehmen von klein auf die Bewegungen ihres Umfelds wahr und kopieren sie. Sie lernen auf diese Weise auch, ihre Körpersprache gezielt und kontrolliert einzusetzen, um eine bestimmte Wirkung hervorzurufen. Da einem Blinden das nicht möglich ist, muss ich mir bestimmte Gesten zeigen lassen: Mit welcher Handbewegung kann ich zum Beispiel einen Satz unterstreichen?

Lappen

Das wichtigste Utensil in meiner Wohnung ist der Lappen, denn ich bin furchtbar pingelig. Alex, mein Tandembegleiter, hat es einmal auf den Punkt gebracht: »Verena, du stellst dir den Schmutz schlimmer vor, als er ist. Du siehst Berge von Bröseln, nur weil jemand ohne Teller eine Brezel gegessen hat.« Da hat er recht! Ich möchte nicht zu lange damit warten, aufzuräumen oder sauberzumachen. Sonst »sehe« ich nicht mehr, wo ich Dreck »übersehen« habe. Wenn ich alles gleich aufwische, dann behalte ich die Übersicht und erwische fast alle Arten von Schmutz. Besonders gut komme ich mit fühlbarem Schmutz wie zum Beispiel dreckigem Geschirr zurecht. Beim Spülen kann ich spüren, ob an der Schöpfkelle noch Käse klebt. Ich fühle das Fett auf dem Pastateller oder schrubbe mit dem Schwamm mindestens zweimal durch jede Tasse, damit auch der hartnäckigste Kaffeerand Reißaus nimmt. Fensterputzen ist zugegebenermaßen eine echte Herausforderung, denn Fingerabdrücke oder Schlieren kann selbst die beste blinde Hausfrau nicht erfühlen.
⇨ siehe auch *Putzen*

Mobilitätstraining

Ich buche regelmäßig einen Mobilitätstrainer, der mir dabei hilft, mich auf unbekannten Strecken zurechtzufinden. Er sucht nach Merkmalen, an denen ich mich orientieren kann, und erklärt mir zum Beispiel: »Hier rechts ist eine Mauer, wenn du die mit deinem Stock spürst, musst du aufpassen, weil drei Meter weiter die Einfahrt kommt.« Das ist ein bisschen wie bei einer Schnitzeljagd, wo man Anhaltspunkte bekommt, um den Schatz zu finden. Je mehr Merkmale ich im Kopf behalte, desto weniger bin ich auf fremde Hilfe angewiesen. Diese Form der Schulung sowie das gedankliche Abspeichern von Wegen fördern meine Unabhängigkeit.

Begleitet mich ein Freund auf fremden Wegen, hake ich mich meist unter und bin eher auf das Gespräch als auf den Weg konzentriert. Mit der Folge, dass ich den Weg danach nicht abgespeichert habe. Spazierengehen im Park, ohne mir jede Abzweigung zu merken, kann deshalb relativ mühsam enden. Im Englischen Garten in München beispielsweise wird so ein Ausflug im Zweifelsfall schon mal zum Marathon.

⇨ siehe auch *Verkehr*

Nähe

Da ich sehr oft fremde Menschen um Hilfe bitten muss, entsteht unweigerlich eine gewisse persönliche Nähe, etwa wenn ich einen Mitarbeiter eines Kaufhauses im dritten Stock nach dem Ausgang oder einen Fußgänger an einer stark befahrenen Kreuzung nach dem Weg frage. Oft nehmen mich die freundlichen Helfer an der Hand oder haken sich bei mir unter, um mich sicher zu begleiten. Auch wenn ich ihr Engagement schätze, finde ich das manchmal sehr anstrengend. Denn Nähe ist etwas Schönes – aber nur, wenn man den Menschen gut kennt. Manchmal fassen mich die Menschen so an, als müssten sie mich stützen, um mich vor Stufen oder anderen Gefahren zu bewahren. Warum? Meine Devise lautet: Unterstützung ist super, eine Stütze brauche ich nicht.

Ordnung

Meine frühere Klassenleiterin hat immer gesagt: »Wer Ordnung hält, ist zu faul zum Suchen.« Das sehe ich genauso, deswegen ist bei mir zu Hause nicht alles perfekt sortiert. Da liegen schon mal Filme und Hörbücher im selben Regal und werden in regelmäßigen Abständen in einem Aufräum-Anfall sortiert. Extrem hilfreich und praktisch sind durchsichtige Folien, auf die ich mit Brailleschrift den Namen des Hörbuches oder der Musik-CD schreiben kann. Eine alphabetische Ordnung meiner Filme, Hörbücher und Musik wäre also theoretisch möglich …

Geschäftliche Korrespondenz übernehmen meine Assistenten. Private Post lesen mir die Leute vor, die bei mir zu Besuch sind. Jeder, der meine Wohnung betritt, kann also automatisch zum »Post-Audiodescriptor« werden.

Meist notiere ich mir alle wichtigen Details des Briefes im Computer oder scanne das Schreiben ein. Anschließend beschrifte ich den Briefumschlag mit einer durchsichtigen Punktschriftfolie und hefte das Dokument ab. Der einzige Mensch, der keine Ordnung in meiner Wohnung hält, ist mein blinder Bruder Michael. Ich vermute ja, dass er sich gar nicht merken will, wo welche Geschirrteile einsortiert werden müssen, weil er glaubt, dass er dadurch nach dem Essen ums Aufräumen herumkommt.

⇨ siehe auch *Assistent*

Putzen

Eines meiner liebsten Haushaltsgeräte neben dem Lappen ist der Staubsauger. Das Geräusch, das entsteht, wenn Brösel oder kleine Steinchen vom Fußabtreter durch das Rohr für immer und ewig verschwinden, klingt nach effektiver Arbeit. Ich sauge mit System, denn einfach nur dort den Schmutz und Staub zu bearbeiten, wo es nötig wäre, funktioniert nicht so gut. Also sauge ich den Boden in Bahnen von links nach rechts. Mit dieser Methode erwische ich ziemlich sicher alle Scherben eines zerbrochenen Glases – und sauge praktischerweise gleich den ganzen Raum. Das Putzen funktioniert ebenfalls mit System und Fingerspitzengefühl. Beim Spülen beispielsweise bin ich mit meinen Fingern sehr »umsichtig«. Leider sind die Schlieren auf einem Weinglas nicht fühlbar. Deshalb poliere ich die Gläser immer, bevor ich sie auf den Tisch stelle.

Die Zimmerecken sind weit schwieriger zu bewältigen als das Geschirr in einem überschaubaren Becken. Auch wenn ich in der freien Natur nichts gegen Spinnen habe, möchte ich nicht mit ihnen in einer Wohngemeinschaft leben. Also müssen die Spinnweben weg, damit ich mich wohlfühle und überall hinfassen kann, ohne einen Schreck zu bekommen. Aus diesem Grund kommt regelmäßig eine Putzfrau, die alle Sachen in Ordnung bringt, die ich »überfühlt« habe. Ihre Adleraugen sind für mich Gold wert und unverzichtbar.

⇨ siehe auch *Lappen*

Quiche & Co.

Ich koche zu Hause, und zwar alles, was schmeckt und sattmacht. Aber ehrlich gesagt bin ich keine leidenschaftliche Köchin, die stundenlang mit Back- und Kochbüchern experimentiert. Trotzdem bekomme ich die meisten Sachen ganz gut hin. Beim Braten erkenne ich am Geruch, ob das Bratgut in der Pfanne fertig ist. Außerdem wende ich die Bratlinge oder das Tofuschnitzel einfach häufiger, um schwarze Stellen zu vermeiden. Steht der Topf schief auf der Herdplatte, merke ich das, weil auf einer Seite Hitze aufsteigt. Dampft das Nudelwasser, weiß ich, dass der Inhalt gleich überkocht. Leider passiert das manchmal, wenn ich gleichzeitig koche und telefoniere …

Beim Backen von Quiche oder Kuchen halte ich mich streng ans Rezept, das ich mir meist aus dem Internet hole. Zum Glück wissen meine Freunde, dass ich keine begnadete Köchin und Konditorin bin, die Vier-Gänge-Menüs und dreistöckige Torten fabriziert. Deshalb bringe ich zu Partys meist Nudelsalat oder Tiramisu mit.

⇨ siehe auch *Essen*

Radio

Das Radio ist der Fernseher für die Ohren, weil das gesprochene Wort Bilder lebendig macht. Die Moderatoren und Journalisten sind für mich deshalb Sprachmaler, denn sie präsentieren jede Information, jeden Witz und jeden Wetterbericht so plastisch, dass mir nichts entgeht. Morgens geht mein erster Griff an den Powerschalter meines Radios, um entspannt in den Tag zu starten, während ich der Informationssendung »Radiowelt« von Bayern 2 lausche. Auch Fußballländerspiele werden im Radio mit Live-Kommentar übertragen. Dann höre ich mit einem Ohr dem Kommentator des Spiels zu und mit dem anderen den Parolen der Fans.

Der Blindenvorteil: Ich kann schon vor allen anderen hören, ob es einen Treffer gab oder der Ball an den Pfosten ging. Wenn ich, während ich mit anderen Fans in der Kneipe das Spiel am Radio verfolge, auf einmal aufspringe und »Toooor« schreie, dann sorgt das schon mal für richtig viel Ärger, weil ich den Fans die Spannung nehme.

⇨ siehe auch *Fernsehen* und *Kino*

200

Reisen

Ich war jahrelang fast wöchentlich unterwegs, um zum Training oder zu Wettkämpfen zu fahren. Auch heute reise ich beruflich viel und packe daher häufig Koffer und Taschen. Da ich sehr unstrukturiert packe, sorge ich mich immer, etwas vergessen zu haben. Meist fehlen vor Ort dann tatsächlich auch ein Schal oder die passenden Ohrringe. Ist der Koffer endlich gepackt, verreise ich richtig gern – beruflich wie privat. Auch wenn ich die eindrucksvolle Architektur, den Blick vom Fernsehturm auf die Lichter der Stadt oder eine Ausstellung nicht sehen kann, sauge ich mit all meinen Sinnen das fremde Flair auf, schätze die Sportmöglichkeiten auf mediterranen Inseln im Winter oder genieße einen Wellness-Urlaub.

Meist lese ich vor Reisebeginn viel über den Zielort im Netz und sammle Hinweise zum Verkehrssystem, zu Hotels und Restaurants. Ich reise nie allein, das wäre mir zu anstrengend. Ich müsste mich viel zu sehr darauf konzentrieren, auf fremdem Terrain alle Wege zu finden, so dass ich mich nicht entspannen und genießen könnte. Meine Reisebegleitung sollte einen guten Orientierungssinn haben und den Stadtplan lesen können, denn ich kann da nicht zur Hand gehen. Als ich letztes Jahr mit einer guten Freundin in London war, haben wir uns ziemlich oft verlaufen, weil sie mit Stadtplänen auf Kriegsfuß steht und ich, da ich mich nicht so konzentriert hatte, den Rückweg ebenfalls nicht wusste. Die hilfsbereiten Engländer haben uns aber jedes Mal wieder auf die richtige Spur gebracht.

Wenn ich im Ausland auf der Terrasse eines sonnigen Cafés sitze und dem Klang der fremden Sprache lausche, komme ich sofort in Urlaubsstimmung. Ich liebe es, die Köstlichkeiten fremder Länder zu essen, etwa eine Orange, die frisch vom Baum geerntet wurde und viel intensiver schmeckt als die Früchte aus dem Supermarkt. Beim Flanieren in fremden Städten stelle ich mir vor, wie es wohl wäre, hier zu leben. Als ehemalige Wintersportlerin zieht es mich heute eindeutig in die Sonne. Winter und Schnee halte ich nur aus, wenn ich mich ganz schnell bewege und danach der Kälte in der Sauna entkommen kann.

Romane & Co.

Ich habe schon immer gern gelesen. In meinem Germanistikstudium waren Bücher unerlässlich. Heute lese ich abgesehen von fachlicher Lektüre nur noch in der Freizeit.

In der Blindenschule konnten wir uns Bücher in Brailleschrift ausleihen, die jedoch extrem dick sind, weil die Punkte mehr Platz benötigen als gedruckte Buchstaben und das Papier sehr dick ist. Die für das Studium erforderliche Lektüre musste ich in der Regel Seite für Seite einscannen, damit mir die Stimme meines Sprachprogramms den Text vorlesen konnte.

Die meisten Bücher lese ich als Hörbuch. Auch wenn ich den Inhalt auf diese Weise konsumiere, würde ich nie sagen, dass ich ein Buch höre, sondern immer, dass ich es lese. Für mich ist das Lesen mit den Ohren so normal wie es für Sehende mit den Augen ist.

Natürlich bieten Bücher, die von professionellen Sprechern gelesen werden, ein schöneres Lektüreerlebnis, weil sie mit besonderer Betonung vorgetragen werden und damit automatisch eine gewisse Interpretation mitliefern. Ein schön gelesenes Buch ist deshalb für mich zugleich auch ein Ohrenschmaus. Da empfinde ich vielleicht dieselbe Freude wie andere an einem besonders schönen Papier oder einer formvollendeten Schrift.

Sehen

Bei der Arbeit an diesem Buch fragte mich meine Lektorin, ob ich wirklich schreiben wolle, dass ich jemanden zum ersten Mal gesehen habe. Ja, das will ich! Denn auch wenn ich seit meiner Geburt blind bin und nur hell und dunkel empfinde, sehe beziehungsweise nehme ich andere Menschen mit den Ohren, durch einen Händedruck bei der Begrüßung, über ihre Stimme und ihre Energie oder ihren Duft wahr. Wenn du die Augen so fest zusammenkneifst, dass nur noch ein Lichtschein durchkommt, ist das in etwa vergleichbar mit meiner Sehfähigkeit. Trotzdem sage ich Sätze wie: »Sehen wir uns morgen?«, »Schauen wir mal!«, »Das sieht für mich so aus …« Die herkömmlichen Redewendungen sind für mich kein Thema, da in meiner Familie die Sprache nicht auf die blinden Kinder abgestimmt wurde. Wir haben uns den Sprachgewohnheiten der restlichen Mitglieder angepasst und sie ganz selbstverständlich übernommen. Es käme mir seltsam vor, den Begriff »sehen« zu vermeiden. Damit würde ich doch nur eine unnötige Distanz zwischen mir und allen Sehenden aufbauen. Wenn ein Mensch beispielsweise etwas vor seinem geistigen Auge sieht, dann hat er ein konkretes Bild im Kopf, das mit Erwartungen, Ängsten und Hoffnungen zu tun hat. Diese Gefühle empfinden wir vor allem körperlich. Und das gilt doch für Blinde genauso wie für Sehende. Letztes Silvester sagte ich zu einem Bekannten, dass er gut aussähe. Er freute sich so lange über dieses Kompliment, bis ihn jemand darauf hinwies, dass es doch von einer Blinden käme.
⇨ siehe auch *Hören*

Schminken

Meine schönen Seiten zu betonen und kleine Makel wie den Pickel auf der Wange zu verdecken, das ist für mich genauso wichtig wie für sehende Frauen. Wenn wir wissen, dass wir gut aussehen, lächeln wir auf einem Foto entspannter und haben nicht das Bedürfnis, uns hinter der breiten Schulter des Nebenmanns zu verstecken. Diese Sicherheit empfinde auch ich, wenn ich Make-up verwende.

Der Blindenvorteil: Ich kann mich in allen Lebenslagen schminken, schließlich brauche ich keinen Spiegel. Deshalb lege ich mein Make-up mit Vorliebe in der U-Bahn, im Taxi oder im Zug auf. Meine Trefferquote ist dabei gar nicht so schlecht. In 50 Prozent aller Fälle klappt alles, und ich sehe gut aus. In 35 Prozent brauche ich kleine Korrekturen von meinen Assistenten oder Freunden. Meine Assistenten sagen beispielsweise: »Mach mal ein bisschen mehr Lidschatten aufs linke Auge, oder wisch rechts ein bisschen weg.« Vor Seminaren, Presseterminen oder Besprechungen ist die Kontrolle meines »verbalen Spiegelbilds« unerlässlich, denn in 15 Prozent der Fälle kommt es dann doch zu gröberen Patzern. Dann sagt mein »verbales Spiegelbild« streng: »Du hast da einen schwarzen Fleck an der Nase von der Wimperntusche. Mach das mal mit einem Wattestäbchen weg. Oder noch besser, lass mich das machen.« Übrigens hat einer meiner Assistenten gerade einen Kurs gemacht, um mich professionell schminken zu können.

Natürlich sind meinen Make-up-Künsten Grenzen gesetzt, ich kann mir zum Beispiel keinen Lidstrich ziehen. Für ein verführerisches Abend-Make-up mit Smokey Eyes brauche ich deshalb nicht nur einen »verbalen Spiegel«, sondern auch eine ruhige helfende Hand.

Shoppen

Leider kann ich all die wunderbaren Klamotten, die ich gern hätte, nicht allein einkaufen. Kleidung, Schuhe oder Handtaschen entgehen mir, wenn ich keinen Begleiter habe, der mir

204

seine Augen borgt und mich berät. Das ist schade für mich, aber gut für den Geldbeutel. Ich bin trotzdem eine Freundin des Spontankaufs, vor allem, wenn mir ein paar Tage vor einer Gala einfällt, dass ich überhaupt nichts zum Anziehen habe. Dann rufe ich völlig aufgelöst meine Stilberaterin oder eine gute Freundin an und bitte um eine Shopping-Begleitung. Das heißt im Klartext: in drei Stunden ein Kleid, ein paar Schuhe und den richtigen Lippenstift besorgen. Manchmal muss das Kleid dann auch noch geändert werden, was die Sache erst richtig aufregend macht. Für die Bambi-Verleihung im Jahr 2010 habe ich mein Kleid tatsächlich drei Tage vorher gekauft, am Tag der Abreise nach Berlin abgeholt und es am selben Abend getragen. Das nenne ich eine Punktlandung.

Shoppen kann aber auch mühsam sein. Wenn ich einen neuen Kopf für meine elektrische Zahnbürste kaufen will, muss ich ganz genaue Angaben zum Artikel haben, damit auch alles zusammenpasst. Sehende Kunden erkennen ihr Produkt an der Schachtel oder am Logo.

⇨ siehe auch *Anziehen* und *Kleidung*

Stimme
Durch ihre Stimme erfahre ich am meisten über andere Menschen. Die Art und Weise, wie jemand spricht, lässt Rückschlüsse auf sein Temperament zu, etwa ob jemand hektisch und hoch spricht oder langsam und bedacht. Ich kann über die Stimme auch hören, ob mein Gesprächspartner meinen Worten aufmerksam folgt oder nicht. Denn je nachdem, aus welcher Richtung seine Stimme kommt, weiß ich, ob mich jemand ansieht oder sich auf das Display seines Handys konzentriert.

Die Augen sind der Schlüssel zur Seele, heißt es. Das gilt aus meiner Sicht für die Stimme. Ob ein Lachen echt oder erzwungen, etwas ernst oder spaßig gemeint ist, all das verrät mir die Stimme meiner Gesprächspartner. Sehende lassen sich von Äußerlichkeiten wie dem Outfit, dem Haarschnitt, einem Pickel auf der Nase oder der Umgebung ablenken. Bei mir besteht diese Gefahr nur, wenn jemand in einem ausgeprägten Dialekt spricht. Wenn mein Trainer Werner mir in breitem Sächsisch Anweisungen gab, konnte ich mich manchmal nicht richtig darauf konzentrieren, weil ich den Dialekt so amüsant fand.

Suchen

Ich suche immer wieder Dinge, mit Vorliebe mein Handy oder meinen Schlüssel. Da bin ich definitiv nicht besser organisiert als ein sehender Mensch. Ich bin bloß froh, dass man sich selbst anrufen kann. Dafür habe ich noch nie meine Sonnenbrille auf dem Autodach liegen lassen – das ist der Vorteil eines Nicht-Fahrers.

Tanzen

Leidenschaftliche Tänzer sagen, dass sie sich bei der Bewegung zur Musik gut entspannen können. Ich hingegen bin beim Tanzen extrem unentspannt, weil ich immer denke, dass meine Bewegungen so aussehen, als würde ich gerade bei der Skigymnastik an der Volkshochschule mitmachen. Von meinen sehenden Freundinnen weiß ich, dass sie als Jugendliche andere Tänzer beobachtet haben. Die Bewegungen, die ihnen gut gefielen, haben sie dann zu Hause vor dem Spiegel geprobt.

Da mich meine hartnäckigen Freundinnen auf Partys immer wieder auf die Tanzfläche schleppen, habe ich mir mittlerweile ein paar passable Standardschritte angeeignet. Neulich habe ich auf einer Veranstaltung mit einem Mann getanzt, der irgendwann konstatierte, dass ich sehr störrisch sei und mich schlecht führen ließe. Und das, obwohl er dachte, dass sich gerade eine Blinde gut führen lassen würde. Ich muss wohl lernen, beim Tanzen mal die Kontrolle abzugeben …

Träumen

Beim Träumen ist Blindsein für mich kein Thema, auch wenn ich nicht davon träume, allein in München Rad zu fahren oder über eine saftig grüne Wiese zu laufen. Im Gegensatz zu Sehenden läuft bei mir im Kopf nachts jedoch kein Kinofilm, sondern ein Hörspiel. Ich sehe meine Träume nicht, ich höre sie: absurde Gespräche, schöne Begegnungen, verrückte Reisen … Neulich habe ich geträumt, dass ich bei einer Diskussion war, die im Liegen stattfand. Es ging bei der Veranstaltung um die Gestaltung der Wiese im Innenhof des Hauses, in dem ich wohne. Da alle Teilnehmer lagen, war das Sehen kein Thema. Solche skurrilen Träume kennt wohl jeder, das hoffe ich zumindest. Der Unterschied zwischen Traum und Realität: In meinen Träumen renne ich niemals gegen Hindernisse und brauche keine Pflaster.

Während meiner aktiven Zeit als Sportlerin habe ich vor Biathlonrennen regelmäßig von den Geräuschen geträumt, die das Gewehr beim Schießen macht. Wenn ich den Lauf in Richtung Zielscheibe hielt, hörte ich das Piepsen der Zielvorrichtung und den tiefen Ton, der mir signalisierte, dass ich wieder mal einen Fehlschuss hatte. Wenigstens musste ich nachts deswegen nicht noch Strafrunden laufen.

Trinken

Ich habe bisher noch jeden Glasrand und jeden Flaschenhals gefunden, weil ich hören kann, wenn sich die Flüssigkeit dem Rand nähert. Das Geräusch, das beim Eingießen entsteht, ist anfangs tief und dumpf und wird dann höher und leiser. Aber gäbe es E wie Einschenken, müsste ich zugeben, dass mir natürlich schon mal ein Tropfen eines teuren Rotweins danebengegangen ist. Ärgerlich für mich und die Tischdecke, aber immer noch besser, als dem Gast den Finger ins Glas zu halten, um zu prüfen, wie viel Flüssigkeit bereits drin ist.

Uhrzeit

Ich lebe meist ohne Uhr, dafür gibt es heute ja das Handy. Durch einen Tastendruck sagt mir die freundliche Stimme meines Sprachprogramms die Zeit an und hilft mir damit, meinen Zeitplan einigermaßen im Blick zu behalten. Während eines Vortrags kann ich mein Telefon allerdings kaum lässig aus der Tasche ziehen und sagen: »Bitte entschuldigen Sie, ich muss nur kurz checken, wie viel Zeit uns noch bleibt. Ach ja, und eine Nachricht habe ich auch noch bekommen.« Für diese Situationen habe ich eine spezielle Uhr, deren Deckel sich aufklappen lässt. Am Rand des Zifferblatts befinden sich erhöhte Punkte, die Zwölf hat drei Punkte, die Drei, die Sechs und die Neun jeweils zwei und alle anderen Ziffern haben einen Punkt. Wenn ich den großen und den kleinen Zeiger vorsichtig anfasse, kann ich spüren, wo sie stehen. Es gibt auch sprechende Uhren, doch die finde ich zu auffällig. Drückt man auf den Ansageknopf, ertönt ein Gong, und eine blecherne monotone Stimme lässt verlauten: »Es ist fünfzehn Uhr und drei Minuten.« Manche dieser Modelle krähen dann auch noch wie ein Hahn, wenn man den Knopf nicht loslässt. Ich bevorzuge die unauffällige Variante unter der Jacke, damit keiner merkt, dass ich gerade wissen will, wie spät es ist.

Um Hilfe bitten

Ich habe keine Hemmungen, fremde Menschen anzusprechen. Mindestens einmal am Tag frage ich auf der Straße nach dem Weg, in der Post nach dem Ende der Schlange oder, wenn ich im Zug bin, andere Passagiere nach meinem Sitzplatz. Schließlich will ich ja nicht auf dem Schoß eines mir völlig unbekannten Menschen landen. Es ist mir auch schon passiert, dass ich am Münchener Marienplatz einen Passanten nach dem Weg fragte, aber im wahrsten Sinne des Wortes nur Chinesisch verstand, weil es sich um einen ausländischen Touristen handelte.

Oft sind die unfreiwilligen Helfer unsicher: Die einen fassen mich an und wollen mich gleich begleiten. Die anderen versuchen mir umständlich zu erklären, wo ich hinlaufen muss. Und manche sagen einfach: »Der Bahnhof ist da drüben. Sie gehen jetzt da vor und überqueren dann die Straße.« Ich kann mir gut vorstellen, wie sie ihre Richtungsanweisungen mit ausladenden Gesten verstärken. In solchen Fällen bin ich gefordert. Denn je konkreter ich meine Frage stelle, desto besser kann mein Gegenüber mich unterstützen.

Vielen Menschen fällt es schwer, mit mir Kontakt aufzunehmen. Sie haben Hemmungen, mich anzusprechen, weil ich ihre Blicke nicht erwidern kann oder nicht gleich auf sie reagiere. Manche Leute sind in meiner Gegenwart sogar so verunsichert, dass sie mich überhaupt nicht direkt ansprechen. Ich weiß nicht, wie oft es mir schon passiert ist, dass sich ein Fremder an meine Begleitung gewandt hat und fragte: »Was will sie denn trinken?«

Verkehr

Bei Überquerungen der Straße sind Blindenampeln enorm hilfreich. Manche piepsen, wenn es grün ist, an anderen ist ein kleines Kästchen mit einem Knopf angebracht, der mir durch Vibration anzeigt, wann ich losgehen kann. Ist die Ampel nicht für blinde Fußgänger ausgerüstet, muss ich sehr aufmerksam zuhören, wann die anderen Fußgänger losgehen. Ich kann dann nur darauf hoffen, dass sie sich an die Verkehrsregeln halten und nicht bei Rot über die Straße laufen. An kleineren Straßenübergängen kann ich genauer hören, wann die Autos fahren oder stehen, und mir mit Hilfe der Umgebungsgeräusche die Systematik der Kreuzung erschließen. Allerdings erhöht sich die Gefahr bei Fahrrädern oder Elektro-Autos, weil sie geräuschlos daherkommen.

Hat es geschneit, ist der Straßenverkehr eine besondere Herausforderung für mich. Der Schnee schluckt nämlich nicht nur alle Geräusche, sondern auch die Kante zwischen Straße und Bürgersteig ist nicht mehr so eindeutig mit dem Stock zu erfühlen. Einmal kam ich im Winter in München auf einer dreispurigen Straße vom Weg ab und landete auf der Verkehrsinsel in einem Schneeberg, der mir bis zum Oberschenkel reichte. Als ich so im Tiefschnee stand, merkte ich, dass mein Stock zwei Handbreit über der Spitze abgebrochen war. Mitten im schönen Weiß musste ich erst mal überlegen, wie ich mich aus dieser Lage befreien könnte. Ich entschied mich dafür, nicht panisch über die Straße zu rennen – das wäre ohne Stock viel zu gefährlich gewesen –, sondern wartete und hoffte darauf, dass mich ein Passant ansprechen und auf die andere Seite mitnehmen würde. Doch es kam keiner. Ein paar Minuten später hielt ein Auto neben mir, das Fenster wurde heruntergelassen, und eine nette Männerstimme sagte: »Sie sehen so aus, als bräuchten Sie Hilfe.«

»Ja, mein Stock ist zerbrochen, und ich habe im Tiefschnee die richtige Spur verloren«, antwortete ich.

»Ich parke nur schnell das Auto, dann bringe ich Sie rüber.«

Als der Mann mit der jungen Stimme diesen Satz beendet hatte, sagte ich spontan: »Nein, ich steige jetzt einfach ein und fahre ein Stück mit, ist das o. k.?«

Ich hörte ein etwas verdutztes »Ja«, während ich um das Auto rannte und mich auf den Beifahrersitz schwang.

»In welche Richtung müssen Sie?«

Ich nannte ihm die Adresse eines Geschäfts, in dem man neue Blindenstöcke kaufen kann. Mein Retter fuhr mich bis vor die Tür. Leider habe ich in der Eile ganz vergessen, ihn als Dankeschön zu einem wärmenden Kaffee einzuladen. Falls mein Retter in der Not das lesen sollte, hole ich das hiermit nach.

⇨ siehe auch *Blindenstock*

Wasser

Auch wenn ich Wasser liebe, habe ich zugleich sehr viel Respekt vor diesem Element. Denn im Wasser kann man sich ohne sichtbaren Anhaltspunkt nur sehr schwer orientieren. Gehe ich bei meinen Eltern zu Hause im Bodensee schwimmen, darf ich mich nicht zu weit von den Ufergeräuschen entfernen, weil ich sonst den Strand und mein Handtuch nicht mehr finde. Im Freibad schwimme ich immer mit den älteren Herrschaften auf der Außenbahn und berühre den Rand bei jedem zweiten Schwimmzug, so behalte ich die Orientierung und plansche nicht diagonal durch das Becken.

Wettkampfsystem

Damit Sportler mit unterschiedlichen Handicaps in einem fairen Wettbewerb gegeneinander antreten können, wurde im paralympischen Sport ein System mit verschiedenen Wettkampfklassen entwickelt. Ziel der Klassifizierung ist es, viele Menschen am Wettkampf teilhaben zu lassen und einen fairen Wettbewerb zwischen Athleten mit einem unterschiedlichen Grad der Einschränkung zu garantieren. Sie starten in drei Wettkampfklassen: Sehgeschädigte und blinde Athleten, Körperbehinderte sowie Rollstuhlfahrer. Innerhalb dieser Klassifizierung gibt es ein Faktorsystem, in welchem Läufer mit einer Armbehinderung dann auch gegen Läufer mit einer Beinbehinderung starten können.

Ich starte in der Klasse der sehbehinderten Läufer, die wie folgt kategorisiert ist:

B 1 Vollblinde: Sie haben eine Lichtempfindlichkeit oder Lichtempfindung auf beiden Augen, sind aber nicht in der Lage, die Umrisse einer Hand in irgendeiner Entfernung oder Richtung zu erkennen. Zu dieser Klasse gehöre ich. Wir starten mit einer verdunkelten Brille, damit kein Läufer mehr Licht oder Schatten sehen kann. Die B-1-Läufer müssen mit ihrem Begleitläufer über die Ziellinie kommen.

B 2 wenig Sehrest: Diese Kategorie reicht von der Fähigkeit, die Umrisse einer Hand zu erkennen, bis zu einer Sehschärfe von 2/60 und bzw. oder einer Gesichtsfeldeinschränkung von weniger als fünf Grad. Auch diese Athleten laufen immer mit Begleitläufer.

B 3 mehr Sehrest: Zu dieser Gruppe zählen Sportler mit einer Sehschärfe von über 2/60 und bzw. oder einer Gesichtsfeldeinschränkung von 5 bis 20 Grad.

Ein Beispiel, wie die Bewertung der Leistung funktioniert: Als B-1-Läuferin wurde meine Zeit im Langlauf Freistil mit 85 Prozent bewertet, die Zeit der B-3-Läuferin hingegen mit 100 Prozent. Wollte sie also gegen mich gewinnen, so musste sie 15 Prozent schneller laufen als ich.

Xylophon & Co.
Dieser Begriff mag zugegebenermaßen etwas um die Ecke gedacht sein, bringt uns aber geradewegs zum Thema Musizieren. Ich habe zwar nicht Xylophon gespielt, dafür aber Blockflöte und Geige. Die Noten sind für Blinde mit der Brailleschrift darstellbar. Jede Note wird durch einen Buchstaben in bewährter Weise mit Punkten abgebildet, und die entsprechende Tonlänge durch einen zusätzlichen Punkt an einer bestimmten Stelle. Um vom Blatt zu lesen, bräuchte ich beim Geigespielen allerdings drei Hände. Daher bleibt nur: Das Musikstück auswendig zu lernen und es frei zu spielen.

Y-Achse
Zeichnen oder Malen ergibt für einen Blinden keinen Sinn, außer er oder sie möchte sich als abstrakter Künstler hervortun. Ich kann meinen Namen schreiben und den Kreditkartenbeleg unterzeichnen, aber ansonsten schreibe ich nicht mit dem Stift. Gezeichnet habe ich lediglich als Schülerin in Geometrie. Da bekamen wir eine Gummiunterlage, auf der eine Folie mit einem fühlbaren Koordinatensystem befestigt war. Darauf mussten wir mit einem Kugelschreiber die Kurven einprägen, so dass eine Linie entstand, die die Kurvenform fühlbar machte.

Diese Form des Zeichnens hilft mir auch heute noch, Dinge zu erfühlen, die man nicht anfassen kann. Ich kann die Form des Bodensees nur erahnen, auch wenn ich schon oft drumherum geradelt bin. Damit ich mir die Umrisse besser vorstellen kann, hat mir mein Tandempilot Alex den See getöpfert. Seither weiß ich endlich, wo ich bin und wie weit es im Regen bis nach Hause ist.

Zielen

Beim Biathlon kann ich das Ziel hören. Von der Zielscheibe wird ein Signal ausgesendet, das sich als Ton auf meinen Kopfhörer überträgt. Bewege ich das Gewehr in Richtung Ziel, wird der Ton immer höher. An der höchsten Stelle habe ich die Mitte der Scheibe im Visier und drücke ab. Höre ich nach dem Schuss ein hohes »Dudeldud«, habe ich getroffen. Ein tiefes »Bööb« signalisiert mir, dass ich danebengeschossen habe.

Nicht alle Ziele kann man so gut hören wie beim Biathlon, aber man kann sie sehen – vor dem inneren Auge. Mit meinem geistigen Adlerauge sehe ich mein nächstes Ziel: Ich will die 540 Kilometer beim Radmarathon Trondheim - Oslo in unter 21 Stunden schaffen.

Wie sieht dein nächstes Ziel aus?

Auf die Plätze, fertig, los!

Danksagung

Ich möchte allen Begleitläufern danken, die mich auf dem Weg zu diesem Buch unterstützt haben. Besonders:

Meiner Co-Autorin Stephanie Ehrenschwendner, durch deren tolle Beratung, deren Stil und Humor das Buch zu dem wurde, was es ist. Du hast so oft nachgefragt, dass ich irgendwann nicht mehr anders konnte, als endlich ausführlich zu erklären, wie ich träume oder wie sich der Schnee beim Langlaufen anfühlt. Ich vermisse unsere täglichen Skype-Gespräche und bin deshalb entschlossen, ein nächstes Buch zu schreiben.

Meiner Agentin Beate Kuckertz für ihre professionelle Beratung und ihre Freundschaft. Du hast mit mir bei Rotwein und gegrilltem Fisch viel gelacht und gelitten, wenn ich nicht mehr weiterwusste. Deine geradlinigen Aussagen haben echte Langlaufqualitäten.

Ulrich Ehrlenspiel und Andrea Löhndorf von Random House für die intensive Zusammenarbeit, für konstruktive Gespräche und ihre Geduld.

Den Jungs vom Falafelstand in meinem Viertel. Euer gesundes Essen hat Stephanie und mich während des Entstehungsprozesses des Buches vor dem Verhungern und der dramatischen Gewichtszunahme durch ausschließlichen Schokoladenkonsum bewahrt.

Götz Werner für den DM-Markt um die Ecke. Die fast täglichen Touren in Ihren Laden, um Kaffee, Konzentrationstee, Kekse und keine Schokolade zu kaufen, waren eine perfekte Shopping- und Entspannungspause.

Meinem Tandempartner Alex Heim. Danke für jeden Kilometer auf dem Tandem. Die 22:54 Stunden in Norwegen waren nicht nur ein Kraftakt, sondern eine Teamleistung, die mir gezeigt hat, wie viel gemeinsam möglich ist. Ich danke dir für deine gute Laune beim Radeln im Regen und hoffe sehr auf Sonne in Norwegen 2014.

Allen Freunden, die ich nachts angerufen habe, wenn mich dieses Buch um den Schlaf brachte. Danke für jede aufmunternde SMS, fürs Zuhören und für jede entspannende Stunde Joggen im Westpark.

Die nachgeholte Bambi-Rede

Meinem Trainer Werner Nauber, der mir immer super Trainingspläne geschrieben hat. Dein Ausdauertraining war anstrengend, und dein Krafttraining hat mir alles abverlangt. Manchmal dachte ich, ich werde nie so schön laufen können, dass es dir gefällt. Mit all deinem Genörgel hast du mich schneller gemacht! Danke für alles, auch für den Vogelbeerschnaps, den es immer am Ende der Trainingswoche im Hotel in Oberwiesenthal gab.

Meinen Begleitläufern Ralph Schmidt, Franz Lankes und Thomas Friedrich.

Du, Schmidti, hast meine wilden Jahre mitgemacht und mir beigebracht, dass eine Langläuferin trainieren und an den Erfolg glauben muss. Du hast mich manchmal eingenordet und mich zugleich gelehrt, dass ich feiern darf, solange ich am nächsten Tag aufstehe und den Wettkampf in Bestform laufe.

Franzi, du hast mich im Biathlon stark gemacht und mir beigebracht, meine Trefferquote zu steigern. Und du bist geduldig jede Strafrunde mit mir gelaufen, wenn ich trotz deiner Tipps mal wieder daneben geschossen habe. Nach dem Training hast du mir den besten Kaiserschmarrn der Welt gemacht. Da kann mein eigener Schmarrn bis heute nicht mithalten.

Thomas, dein Glaube an mich hat mir nach dem Unfall Mut gegeben, und deine präzisen Ansagen haben mich schneller gemacht. Danke, dass du mir deine Zeit und Energie geschenkt hast, um mit mir nach Vancouver zu fahren und Gold zu gewinnen.

Ihr drei habt mir das Vertrauen geschenkt, das ich brauchte, um alle Kräfte zu mobilisieren: Ihr seid meine Augen und mein Navigationssystem gewesen, ihr habt Strafrunden mit mir absolviert und habt mit mir auf dem Siegertreppchen gestanden. Danke für alles!

Meinen Mannschaftskollegen, vor allem Frank Höfle, der mich nach dem Unfall moralisch aufbaute. Es ist dir vielleicht gar nicht so klar, wie sehr du mir mit deinen Anrufen beim Aufstehen und Weitermachen geholfen hast.

Meinen Eltern, die mich mit Vertrauen und Zuneigung förderten und forderten und mir das richtige Quantum Vorsicht beibrachten, mit der ich bis heute bremse, wenn ich zu schnell werde oder den Überblick verliere. Danke für jede Skikarte, für das kleine rote Fahrrad, für mein Pony Jimmy, für meine ersten Ski, für jede Fahrt durch Schnee und Regen zu den Wettkämpfen. Ohne euren positiven Zuspruch und euren Glauben hätte ich mich meinen Grenzen nie so nähern können.

Meinen Brüdern Johannes und Michael. Wahrscheinlich bin ich Wettkampfsportlerin geworden, weil ich mich immer gegen euch durchsetzen musste. Ich danke dir, Jojo, dass du mich mit aufs Dach geschleppt hast, um die Aussicht mit euch zu genießen. Du hast als großer Bruder bei den ersten Partys auf mich aufgepasst und mich an dem Tag Auto fahren lassen, als du den Führerschein bestanden hast. Danke, Meiki, dafür, dass du alles so siehst wie ich – und das ist manchmal etwas anders als das, was Sehende wahrnehmen. Du hast meine Nervosität und meine Zicken ertragen, hast mich nach Niederlagen aufgebaut und mit mir gefeiert.

Trau dich!

320 Seiten. ISBN 978-3-424-63079-4

Dieses Buch räumt mit dem kulturellen Mythos auf, dass Verletzlichkeit Schwäche bedeutet. Im Gegenteil: Sie ist die Quelle von Liebe, Freude, Zugehörigkeit und Kreativität. Unter Brené Browns behutsamer Anleitung entdecken wir die Kraft, die wir hinter unseren Schutzpanzern verbergen, und entwickeln den Mut, Großes zu wagen. Der Nr.-1-Bestseller aus den USA.